성인을 위한 독서치료 2

국립중앙도서관 출판예정도서목록(CIP)

성인을 위한 독서치료. 2 / 저자: 임성관. -- 서울 : 시간의물레,
2016
   p. ;   cm. -- (대상별 독서치료 시리즈 ; 2)

ISBN 978-89-6511-160-3 94020 : ₩25000
ISBN 978-89-6511-047-7 (세트) 94020

독서 요법[讀書療法]

029.4-KDC6
028-DDC23   CIP2016023185

대상별 독서치료 시리즈 2

성인을 위한 독서치료 2

임성관

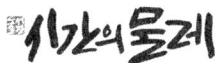

들어가기

어른의 사전적 정의는 '다 자란 사람, 또는 다 자라서 자기 일에 책임을 질 수 있는 사람'이라고 나와 있다. 또한 성인의 사전적 정의는 '자라서 어른이 된 사람, 보통 만 20세 이상의 남녀'를 이른다. 하지만 생물학적으로 성장을 마친 것은 물론 나이가 그 시점에 도달을 했기 때문에 어른이라 불릴 뿐인지, 마음은 아직 다 자라지 못해서 혹은 다 자란 마음에 상처를 입었기 때문에 어른답지 못한 면모를 갖고 있는 어른들도 많다.

그 가운데 중년이라 불리는 40대 이상의 분들은 부모 봉양을 당연한 일로 여겼던 마지막 세대이자, 자녀들에게는 봉양을 기대하지 않는 (어쩌면 기대하지 말아야 하는) 첫 세대가 될 수밖에 없는 사회 분위기의 전환, 따라서 자신을 스스로 돌봐야 하는 위치를 부여 받았기 때문에 3중의 심리적 부담과 고통을 갖고 있을 가능성이 높다.

또한 2-30대 청장년들은 취업 등의 진로에 대한 고민에서부터 결혼을 통해 안정적 가정을 꾸리는 부분에 이르기까지 사회와의 친밀도를 높이고자 끊임없는 노력을 가한다. 어른이기 때문에, 성인이기 때문에 유아동기 및 청소년기 때와 달리 전적인 도움을 받지 못한 채 말이다.

하지만 어른도 마음을 갖고 있는 사람이다. 그만큼 오랜 세월을 살아냈기에 더욱 건강하고 튼튼한 마음을 가질 수 있게 되었다면 더할 나위 없겠으나, 오히려 그 세월은 많은 생채기들을 억압하고 합리화하면서 견뎌내는 힘을 더 길러주었을 가능성이 높다. 즉, 상처받은 마음을 보듬어주지 않았을 가능성이 높은 것이다.

그래서 필자는 마음을 기댈 곳이 없는 어른들을 위해 이 책을 구상했다. 마침 독서치료는 적정 책을 골라 읽는 것만으로도 예방과 치유 효과가 있기 때문에, 도움을 받기 위해 치료사를 찾아갈 만큼의 용기를 내지 못하는 어른, 책읽기를 좋아해서 알맞은 책만 골라 읽을 수 있다면 도움을 받을 수 있는 어른들을 위해서 말이다.

『성인을 위한 독서치료』 두 번째 권인 이 책의 구성은 다음과 같다. 첫 번째 만남은 '중년 여성의 빈 둥지 증후군 예방 및 해소를 위한 독서치료 프로그램'이다. 모든 성인, 특히 중년기 여성이 빈 둥지 증후군을 갖고 있는 것은 아니지만, 자녀를 독립적으로 키우기보다는 밀착되어 있는 경향이 많은 국내 실정을 감안하면 그런 현상을 겪는 분들이 상당수일 것이다. 이 프로그램은 그런 전제를 바탕으로 출발했다.

두 번째 만남은 '중년기 성인의 위기 극복을 위한 독서치료 프로그램'이다. 중년기는 서서히 건강에도 이상 신호가 오는 것을 직접 느끼는 시기이다. 더불어 사회적 위치를 상실하는 시기이기 때문에 중년 스스로가 위기를 느낀다. 따라서 그 위기를 슬기롭게 대처해 나갈 수 있는 힘을 길러주는데 목표가 있는 프로그램이다.

세 번째 만남은 '중년기 부부의 관계 개선을 위한 독서치료 프로그램'이다. 부부들마다의 차이가 있겠지만 중년기에 접어들면 권태기가 찾아오게 마련이라고 한다. 이는 곧 서로에 대한 익숙함으로 인해 권태로움을 느낀다는 것으로, 결국 그런 마음이 커지면 이별로 이어지게 된다. 따라서 본 프로그램은 권태기 등 중년기 부부가 겪고 있는 어려움들을 극복해 나갈 수 있도록 돕는데 목표가 있다.

네 번째 만남은 '중년 여성의 자아정체감 확립을 위한 독서치료 프로그램'이다. 오늘날의 시대적·사회적 변화는 특히, 여성에 있어서의 자기실현 가능성을 증대시킴과 동시에, 여성 특유의 자기정체감의 위기를 현재화시키기에 이르고 있다. 따라서 주부의 자아정체감은 오늘날의 사회적, 시대적 상황을 감안한 새로운 시점에서 재조명되어야 할 필요가 있다. 따라서 본 프로그램은 중년 여성의 자아정체감 확립에 목표가 있다.

마지막 다섯 번째 만남은 '경력 단절 여성의 자기효능감 증진을 위한 독서치료 프로그램'이다. 우리나라 여성들은 결혼과 동시에 임신을 하게 되면 내조와 육아, 살림을 위해 전업주부가 되는 경우가 많다. 따라서 자신의 경력은 단절이 되는데, 향후 시간이 흘러 다시 일을 하고자 할 때에는 자기효능감의 부족으로 용기를 내지 못하는 경우가 있다. 따라서 본 프로그램은 경력 단절 여성들의 자기효능감 증진을 목표로 한다.

2016년 9월
연구소에서
임 성 관

들어가기 - 4
성인기에 대한 이해와 독서치료 - 9

♠ 첫 번째 만남 - 27
중년 여성의 빈 둥지 증후군 예방 및 해소를 위한 독서치료 프로그램

♠ 두 번째 만남 - 83
중년기 성인의 위기 극복을 위한 독서치료 프로그램

♠ 세 번째 만남 - 139
중년기 부부의 관계 개선을 위한 독서치료 프로그램

♠ 네 번째 만남 - 205
중년 여성의 자아정체감 확립을 위한 독서치료 프로그램

♠ 다섯 번째 만남 - 251
경력 단절 여성의 자기효능감 증진을 위한 독서치료 프로그램

성인기에 대한 이해와 독서치료

발달심리학은 한 인간이 엄마의 몸에 수정이 되었을 때부터 태어나 자라고, 결국 죽음에 이를 때까지의 발달 과정을 심리학적인 측면과 결부지어 연구하는 분야이다. 따라서 담고 있는 내용 자체가 매우 광범위하다.

최근에는 인간의 수명이 길어짐에 따라 그 영역에서도 확장이 이루어지고 있으니, 향후에는 더욱 방대해질 것이다.

그런데 다행스럽게도 이미 훌륭한 연구자들이 이론적인 체계를 잘 정립해서 제시해 주고 있는 바, 본 장에서는 새로운 이론을 제시하기보다는 '성인기'의 '발달 과업', '인지·성격 및 사회성'을 중심으로 관련 내용을 다시 모아서 정리하고자 한다.

왜냐하면 이 책에 담겨 있는 프로그램에 참여하는 참여자들의 상태를 이해할 수 있도록 돕고자 함이 가장 큰 이유이고, 더불어 각각의 책을 다시 들추어 봐야 하는 수고로움을 덜어주기 위함이 두 번째 이유이다.

그러니 부족하다고 느끼시는 분들, 전문을 체계적으로 살펴보고자 하시는 분들은 출처에 소개된 자료를 찾아보시기 바란다.

1. 성인기 발달

어떤 한 사람을 두고 "너는 아이야!", "너는 청소년이지!", "당신은 성인입니다!"라고 말할 수 있는 기준은 애매모호하다. 물론 법적으로 성인이라 인정받는 나이가 정해져 있지만, 우리는 그 기준을 넘어선 사람이라고 해서 모두가 그렇다고 인정하지 않는다. "저 사람은 나이만 먹었지 하는 짓은 어린애야.", "결혼을 하지 않았으면 나이를 먹었어도 어린애야."와 같은 말들은, 나이가 곧 어떤 발달 단계를 정확히 인정할 수 있는 기준이 아님을 알 수 있게 해준다. 반면 "애가 어쩌면 저렇게 어른스러워."와 같은 말은, 비록 법적 기준으로는 성인이 아니지만, 적어도 어떤 한 측면에서는 그에 버금가는 모습을 이미 갖추고 있다는 뜻이다.

그렇다면 우리는 어떤 면을 통해 성인이 되었음을 인정할 수 있을까? 성인은 여러 측면에서 독립을 꾀한 사람이어야 한다. 경제적인 독립은 물론, 정서적인 독립, 중요한 일에 대해 스스로 결정하고 실행할 수 있는 힘을 갖추고 있어야 한다. 즉, 사회적인 역할이나 정서적인 성숙도 등이 뒷받침 되어야 비로소 성인이라 할 수 있는 것이다. 최근 우리나라에도 독립과 자립 대신 부모님들에게 의존해 살아가고 있는 캥거루족이 많다고 하는데, 이들은 독립하지 못했다는 점 한 가지 측면에서만 본다면 분명 성인이 아니다. 그밖에도 성인다운 면모를 갖추었다고 인정을 할 수 있는 측면은 여러 가지겠으나, 마찬가지로 애매모호함을 100% 해소할 수는 없다. 따라서 이론적인 측면에서 유명 학자들은 성인기의 발달을 어떻게 바라보고 있는지 전기와 중기를 중심으로(성인기 후기인 노년기는 제외) 살펴보고자 한다.

1) 성인기 발달의 관점

전체 생애주기를 놓고 봤을 때, 성인기는 가장 긴 기간을 차지한다. 성인기의 시작이 몇 살 때부터인가에 대해서는 이견이 많지만, 가랑비에 옷이 젖듯이 서서히 진행이 된다는 점은 모두 인정하는 면이다. 또한 성인기는 이전 아동기 및 청소년기를 이어받기 때문에, 그 기간을 어떻게 치냈는가에 따른 영향을 받을 수밖에 없다. 따라서 성인기는 독립된 시기로서의 이해보다는, 아동기 및 청소년기, 나아가 노년기로 이어진다는 복합적인 맥락에서 바라볼 필요가 있다.

2) 성인기의 성격발달이론

성인기의 성격발달이론은 독일 출생의 미국 정신분석학자인 Erik Homburger Erikson의 심리사회적 발달이론을 중심으로 살펴보고자 하며, 본 내용은 송명자 선생님께서 쓴『발달심리학』[1]에서 그대로 옮겨 온 것임을 밝힌다.

(1) 친밀성 대 고립감

청년기에 자아정체성을 확립하고 성인기에 들어서게 되면 타인과의 상호관계에 관심을 가질 수 있게 된다. Erikson은 성인전기의 성격발달 특성을 친밀성 대 고립감(sense of intimacy vs. isolation)의 위기에서 찾고 있다. Erikson에 의하면 친밀성은 타인의 한계와 단점을 인정하고 수용하며, 인간 상호간의 차이점과 갈등을 극복하는 과정을 통해 획득된다. 친밀성이 획득되면 서로의 삶의 여러 측면들을 함께 나누며 상호 초청하고 조화하는 것이 가능하게 되며, 인간관계 속에서 삶의 활력과 만족을 얻을 수 있다. 성인전기의 친밀성은 주로 배우자와의 관계를

---

[1] 송명자. 2003.『발달심리학』. 학지사.

통해 형성되나, 희생과 양보를 바탕으로 하는 친구관계의 형성과정 속에서도 친밀성을 획득한다.

청년기 자아정체성의 확립은 친밀성 형성의 기초가 된다. 예를 들어, 자신의 외모·능력·가치 등에 일관성 있는 정체성을 확립하지 못하여 자의식에서 벗어나지 못한 사람은 타인에게 자연스러운 관심과 배려를 보일 수 없게 된다. 이러한 경향이 심화되면 사람과의 관계를 단절하고 고립감에 매몰되게 된다. 이러한 점에서 Erikson은 정체성이 형성되지 않은 상태에서의 결혼은 성공하기 어렵다고 주장하고 있다(Erikson, 1959).

(2) 생산성 대 침체감

Erikson 이론에서 중년기는 생산성 대 침체감(sense of generativity vs. stagnation)의 위기를 경험하는 시기이다. 생산성은 다음 세대를 돌보고 길러감으로써 자신의 존재가치를 확장하고자 하는 중년기 성격발달 특성을 의미한다.

생산성은 여러 측면에서 발달될 수 있다. 자녀를 낳아 기르고 교육하는 희생적인 과정을 통해 부모역할 생산성(parental generativity)이 발달한다. 과업 생산성(work generativity)은 자신이 지닌 기술과 능력을 과업을 통해 다음 세대에 전수함으로써 획득할 수 있다(Kotre, 1984).

생산성은 단순히 자녀를 낳아 기르고 과업을 수행하는 것만으로 획득되는 것은 아니며, 그러한 과정 속에서 자신이 쏟는 열정과 희생이 타인 속에서 결실 맺는 것을 보는 기쁨이 수반되어야 하는 특성이다. 이러한 점에서 Erikson은 아동기에 지나치게 많은 좌절을 경험한 사람이나 개인의 독립적인 성취를 강조하는 서구 문화권에서 살고 있는 성인들은 생산성을 확립하기 어려운 것으로 설명하고 있다(윤진 역, 1988).

생산성의 확립에 실패하면 침체감에 빠져든다. 침체감에 빠져든 성인들은 부모역할을 제대로 수행하지 못하며, 자신이 속한 집단의 지도자 역할이나 지역사회에서 전반적인 어른의 역할수행이 원만하지 못하다. 침체감은 자신의 필요성과 요구에서 헤어나지 못하여 다음 세대나 사회전반의 요구에 응할 수 있는 여유를 찾지 못할 때 나타나는 특성이다.

3) 성인기의 인지발달이론

(1) 성인전기

Labouvie-Vief(1982, 1986)는 성인기는 자신이 몸담고 있는 직장이나 사회, 크게는 생태적 맥락 내에서 발생하는 여러 가지 복잡한 문제들을 해결하고 적응해나가야 하는 시기로 보고 있다. 따라서 성인기 사고는 실용적인 필요성과 압박감이 강하다는 점에서 자유스럽고 이상주의적인 청년기 사고와 구별된다고 생각한다. 이렇게 볼 때 성인전기의 인지발달은 청년기의 논리적이며 가설중심적인 사고로부터 현실에 대한 실용적인 적응방략을 탐색하는 실제적인 문제해결사고에로의 변화과정을 의미하는 것으로 볼 수 있다.

성인전기에 실용적 사고의 필요성이 증가한다는 사실이 청년기 논리적 사고의 감퇴를 뜻하는 것은 아니다. 성인전기 인지적 능력은 논리적 사고기술과 현실에 대한 실용적 적응기술을 동시에 요구하는 것이다(Santrock, 1995).

청년기와 구별되는 성인전기 사고의 특징은 Perry(1970)의 연구에서도 찾아볼 수 있다. Perry는 청년기 사고의 특징은 옳음·그름, 우리편·상대편, 좋음·나쁨 등으로 현상을 양극화하는 이분법적 사고에 있다고 설명한다. 그러나 성인기에 들어서면서 타인들의 관점과 견해의 다양성을 수용할 수 있게 되면 이분법적 사고는 다면적 사고(multiple thinking)로 대치된다. 다면적 사고는 어떤 사태와 관련되는 여러 요인과 입장들을 고르게 고려할 수 있는 사고를 뜻한다. 성인초기의 다면적 사고는 관점의 확장을 뜻할 뿐 자신의 개인적 의견에 대한 신념은 여전히 강한 특징이 있다. 성인전기 동안 자신의 의견이 타인의 주장에 의해 논박 받거나 부적합한 경험이 누적되면 다면적 사고는 상대적 사고(relative thinking)로 바뀐다. 상대적 사고는 대부분의 지식과 의견은 절대적으로 부여되는 것이 아니라 시대상황적 맥락에 따라 바뀔 수 있다는 진리의 상대성을 이해하는 능력이다. 상대적 사고를 갖게 되면 일상에서 경험하는 사태나 현상에 대해 자신이 갖고 있는 생각과 판단이 잘못일 수 있는 가능성을 이해하고 인정할 수 있게 된다.

(2) 성인중기

성인중기의 인지발달은 지능의 변화, 기억의 변화, 전문성의 획득, 지혜의 발달의 측면에서 살펴볼 수 있다.

① 지능의 변화

종래에 지능은 20대 중반에 절정을 이루다가 30대 이후부터 서서히 감소되는 것으로 알려져 왔다. 특히 성인중기의 지능의 감퇴는 생물학적인 노화과정의 일부로 당연한 것으로 인정되었다(Wechsler, 1958). 그러나 근래에 성인중기 지적 능력의 감퇴를 이전에 생각해온 것처럼 필연적이거나 보편적인 것으로 생각하는 사람은 많지 않다. 이러한 변화의 근거는 지능연구의 접근방법의 변화와 지능유형의 구분에서 찾아볼 수 있다.

성인중기의 지능발달의 특징은 다음과 같이 정리할 수 있다. 첫째,

성인중기 지능의 일률적인 감퇴는 없다. 지능의 감퇴 여부는 교육경험·사회문화적 배경 등에 따른 개인차가 크며, 과제에 따라 차이가 있다. 둘째, 성인중기 유동성 지능은 감퇴한다. 유동성 지능의 감퇴는 정보처리속도를 떨어뜨리며, 따라서 반응시간은 증가한다. 이러한 감퇴는 궁극적으로는 신경원의 정보전달기제의 쇠퇴에 기인한다(Botwinick, 1984). 셋째, 성인중기 결정성 지능의 감퇴 여부는 교육수준·직업·문화적 배경에 따라 차이가 있다.

② 기억의 변화

성인중기에 들어서면 많은 사람들이 기억의 감퇴를 호소한다. 실제로 50세 이후에 저장되어 있는 기억정보를 활성화시키는 데에 필요한 시간은 20~50세 사이에 필요한 시간보다 60% 가까이 증가한다(Santrock, 1982). 이러한 사실은 저보처리속도에 비추어 볼 때 성인중기에 기억의 감퇴가 일어나고 있음을 보여주는 것이다.

그러나 실제로 성인중기 기억능력의 감퇴가 일어나는 영역은 별로 없는 것 같다. 제시된 자극을 보고 관련정보를 인출해내는 재인기억(recognition memory)능력은 성인중기 동안에 유지된다. 청각적 기억은 40세 이후부터 일정하게 지속한다. 시각적 기억 또한 60세까지는 감퇴 없이 유지된다. 단기 기억능력의 변화는 극히 미미한 수준이다. 따라서 성인중기 기억능력의 감퇴로 느껴지는 것은 모두 정보처리시간이 길어지는데 기인하는 것으로 보인다(Salthouse,1990; Wingfield & Byrnes, 1981).

③ 전문성의 획득

성인중기에 속하는 사람들은 같은 직종에 상당기간 종사해왔으므로 전문가로서 그 직종의 전문적 능력을 획득하게 된다. 전문가란 특정 분야의 지식의 학습에 많은 시간과 노력을 투자한 결과 그 분야의 문제해결에 형식적인 규칙이나 절차를 적용하기보다는 획득된 경험을 바탕으로 상황에 대해 직관적으로 반응하는 사람들을 뜻한다. 전문가들은 사고의 직관적 도약이 가능하므로 문제해결이 정확한 것과 아울러 비전문가보다 빠르고 효율적이다.

성인중기 전문성의 획득은 크게 두 가지 요인에 의존하는 것으로 판단된다. 첫째는 특정 분야에 대한 잘 구조화된 지식체계이다. 이와 같이 특정 분야에 대한 구체적인 지식체계를 영역특정지식(domain-specific knowledge) 또는 지식기반(knowledge base)이라 지칭한다. 전문성을 가능하게 하는 두 번째 요인은 보다 융통성 있고 창의적인 방략 사용능력이다. 노련한 상담자가 한 가지 이론적 관점에만 의존하지 않고 다양한 접근들을 창의적으로 적용하는 것도 같은 맥락의 예이다.

성인중기는 자신이 종사하고 있는 분야의 지식과 기술에 있어서 보다 큰 전문성을 길러가는 시기이다. 이러한 전문성의 증가는 성인중기 인지발달을 특징짓는 중요한 준거 중의 하나가 될 것이다.

④ 지혜의 발달

지혜(wisdom)란 인생의 중요하면서도 불확실한 사태에 대해 좋은 판단을 내릴 수 있는 능력을 뜻한다(Dittmann-Kohli & Baltes, 1990). 지혜는 실증적으로 연구하기 어려우므로 오랜 기간 동안 학자들이 연구를 기피해온 주제이다. 그러나 근래에 지능의 본질과 중요성에 대한 인식이, 추상적 사고와 교과학습 중심의 지적 능력으로부터 실제 삶의 맥락에서 활용 가능한 실용적 능력으로 옮겨감에 따라 지혜는 성인기 지적 능력의 중요한 측면으로서 학자들의 관심이 기울어지고 있다 (Baltes & Smith, 1990; Dittmann-Kohli & Baltes, 1990; Sternberg, 1990).

4) 성인기의 성격 및 사회성 발달

(1) 성인전기 – 친근성의 발달

Erikson(1968)은 성인초기 성격특성을 친근성 대 고립감(intimacy vs. isolation)의 위기로 표현하고 있다. 성인초기의 친근성이란 결혼대상으로서 애정을 나눌 수 있는 사람 또는 사회생활에서 우정을 나눌 수 있는 사람들과의 친근한 관계를 포함한다. 이 시기에 친근성을 획득하지 못하는 사람들은 지나치게 자기 의식적이며 자신의 사회적 행동과 적응에 대해 걱정하고 불안해하기 때문에 오히려 원만한 사회적 상호작용을 이루지 못함으로써 고립감에 빠져들게 된다.

성인초기 친근성의 중심문제로 애정(affectionate love)을 들 수 있다. Sternberg(1988d)는 애정은 열정(passion), 친근성(intimacy) 및 관여(commitment)의 세 요소로 구성된다고 주장한다. 열정은 애정의 신체적이며 성적인 측면을, 친근성은 따뜻하고 가까이에서 애정을 나누는 사랑의 표현을, 관여는 자신의 애정을 객관적으로 평가하고 문제가 발생하더라도 같은 관계를 유지할 수 있는 인지적 측면을 뜻한다. Sternberg는 이들 세 요인의 유무에 따라 열정적·온정적·환상적·원숙한 사랑의 네 유형으로 애정을 구분하고 있다.

성인전기 친근성은 이성 관계뿐 아니라 일반적인 인간관계에 있어서도 중요한 특성이다. 성인전기 동안에 친근성이 획득되면서 인간관계는 점차 성숙해진다. White 등(Paul & White, 1990; White et al., 1987)은 인간관계의 성숙과정을 세 단계로 구분하여 설명하고 있다. 첫째 단계인 자기위주적 수준에서는 타인과의 관계가 자신에게 어떤 영향을 주는가에만 몰두해 있으며, 타인의 입장에 대한 배려가 부족한 수준이다. 둘째 단계인 역할 위주적 수준에서는 개인으로서의 타인을 인식하고 타인의 권리를 인정하지만, 사회적 역할만을 고려하며 개인적 이해에까지 미치지 못하는 한계가 있다. 가장 높은 성숙단계인 개인적 배려수준은 타인의 욕구와 동기를 고려하며, 인간으로서 타인을 배려하고 정서적으로 격려해줄 수 있는 수준을 의미한다. 성인기의 친근성과 생산성은 개인적 배려수준까지 올 수 있을 때 달성된 것으로 보아야 할 것이다.

(2) 성인중기
① 과잉습관화

Kastenbaum(1984)은 성인중기 성격변화의 한 특징으로서 일상의 반복적인 자극에 대해 주의가 감소되는 현상인 습관화(habituation)가 나타날 수 있다고 지적한다. 습관화는 성인중기와 노년기에 일상의 습관적인 일들에 과도하게 적응함으로써, 변화하는 세계에 대한 유연성과 적응력이 감소되는 데에 기인한다.

성인중기 습관화 경향이 과도하게 나타날 때 과잉습관화(hyper-habitu-ation)에 빠져든다. 과잉습관화는 모든 변화를 두려워하고, 미래에 직면하기를 피하며, 동일한 방식으로 생활하려는 극단적인 연속성에의 집착을 의미한다(Datan et al., 1987). 성인중기에 과잉습관화 현상을 갖는 비율은 낮지만 성인중기 적응을 어렵게 하고 세대 간 단절의 벽을 크게 하는 현상이므로 관심을 가져야 할 문제이다.

② 중년기 위기

중년기 위기(mid-life crisis)란 Jacques(1965)가 예술가 310명의 성인중기와 노년기 삶의 변화과정을 분석한 연구를 통해 최초로 사용한 용어이다(Irwin & Simons, 1994). Jacques는 중년기 위기는 죽음을 의식하고 심리적으로 죽음을 준비하는 시기에 시작되는 것으로 보고 있다.

중년기 위기를 강조하는 대표적인 이론가로서 Jung과 Levinson을 들 수 있다. Jung은 40세를 전후하여 이전에 가치를 두었던 삶의 목표와 과정의 의미에 의문을 제기하면서 중년기 위기가 시작된다고 주장한다. 사회적으로 성취한 모든 것들이 어떤 면에서는 개인의 내재적 욕구의 억압을 바탕으로 한 것이므로 사회적으로 성공한 사람들도 중년기 위기는 불가피한 것이다. 이러한 위기를 극복하기 위해 성인전기까지 외부 세계에로 집중되던 정신 에너지를 내면으로 돌려, 억압하고 방치되어 있던 자신의 내면의 진정한 자아를 찾기 위한 탐색이 시작된다. Jung은 이러한 자아탐색을 통한 내적 성장과정을 개체화(individuation)라 부른다.

Levinson(1986) 이론에서도 성인중기는 중년기 위기와 함께 시작되며 성인중기 인생구조 내에서 다시 50대 위기를 경험하게 된다. Levinson의 연구대상의 80%는 이러한 중년기 위기가 심리적으로 고통스러웠으며 정서적 동요와 불안을 경험한 것으로 보고하였다. 이러한 중년기 위기는 대부분의 사람들이 정상적인 성인기 발달에서 거쳐 가는 과정이다. Jung의 이론에서도 마찬가지로 중년기 위기는 성인중기 이후의 보다 나은 적응을 위해 거쳐야 할 필연적인 과정으로 지적되고 있다.

③ 빈 둥지 현상

빈 둥지 현상(empty nest phenomenon)이란 성인중기에 자녀가 독립해서 떠남으로서 부부만 남게 되는 현상을 뜻한다. 종래에 빈 둥지 현상은 자식이 떠나버린 공허감으로 인해 정서적 빈곤과 우울증으로 연결되는 성인중기 문제현상으로 생각되어 왔다. 그러나 보다 근래의 연구들은 대부분의 중년들은 독립된 자녀를 떠나보내며 안도와 행복감을 맛보며, 부부관계의 만족도 또한 높아지는 것으로 보고하고 있다(Irwin & Simons, 1994; Santrock, 1995). 이처럼 부부만족도가 높아지는 이유는 개인의 시간적 여유로 인해 더 많은 경험을 함께 공유하고, 상대방에 대해 더 많은 배려가 가능하며, 의사소통이 많아지고, 경제적 부담의 감소로 인해 더 많은 여가를 즐길 수 있기 때문이다(Gilford, 1984).

5) 성인기의 발달과업[2]

헤비그허스트(Robert Havighurst)는 개인과 그가 살고 있는 사회 간에 어떤 형태의 상호작용이 일어나는가에 관심을 가졌다. 우리 사회는 그 안에 살고 있는 모든 사람에 대하여 연령에 맞는 역할과 활동을 기대하고 있다. 이것이 "연령에 따른 계층체계(age-raaded system)"이며, 헤비그허스트(1972)는 서구사회에서 개인이 직면하는 발달과업(develop- mental task)을 확인해 냈다.

이러한 개인의 독특한 발달과업은 그 사람의 일생의 어느 일정 기간 동안에 독특하게 나타나게 되는데 이는 신체적 성숙과 문화적 압력이라는 두 가지 측면이 복합적으로 영향을 미치기 때문이다. 한 단계의 주어진 발달과업을 일단 그 시기에 완수하고 나면 개인이 행복해지는 것은 물론 그 다음 단계의 발달과업도 잘 수행할 수 있게 된다. 그러나 자신에게 주어진 그 발달과업을 달성하지 못하게 되면 본인이 불행해짐은 물론 사회에서도 용납되지 않으며 나중에 연속되는 발달단계에서의 과업을 수행하기가 어려워진다. 이러한 발달과업은 누구나 꼭 같이 경험해야 하는 보편적인 것(예 : 여성은 초경이나 폐경에 대한 적응)과 문화에 따라 각각 다른 것(예 : 정년퇴직의 시기와 제도)이 있다. 뿐만 아니라 일단 달성하고 나면 다시 그 이전단계로 돌아갈 수 없는 과업(걷기, 뛰기에 있어서 자기의 신체를 적절히 조절하는 것)도 있고 각

---

[2] 윤진. 2001. 『성인·노인 심리학 : 성인기 이후의 발달과 노화과정』. 중앙적성출판사.

단계마다 반복해서 나타나는 과업(시민으로서의 권리주장과 의무수행)도 있다. 그리고 남성 혹은 여성으로서의 적절한 성역할도 하나의 발달과업으로 보아야 한다.

헤비그허스트는 인생의 주기를 6단계로 나누고 그 각각의 단계에 대해 독특한 발달과업을 제시하고 있다. 필자는 그 중 성인초기와 중년기를 중심으로 살펴보겠다.

(1) 성인초기(대략 18-30세)

이 시기는 자신의 독립된 가족단위를 꾸미고 사회적 역할을 수행하는 중요한 때이다. 배우자의 선택, 배우자와의 동거, 자녀 양육, 가정관리, 취업, 시민으로서의 책임수행, 성미에 맞는 사람과의 사교 관계 형성 등이 이 시기의 중요한 과업이다.

(2) 중년기(대략 30-60세)

이 시기에 개인은 사회에 대한 영향력이 그 절정에 달하며 동시에 노화에 따른 생물학적 변화도 느끼게 된다. 이 시기의 발달과업은 개인적 요구나 필요성뿐 아니라 유기체 내부의 변화나 환경적 압력에 의해 생겨난 것들이 많다. 10대에 돌입한 자녀들을 책임감 있고 성실한 성인으로 성장하도록 도와주는 것, 성인으로서의 사회적 책임감을 성취하는 것, 개인의 직업적 경력에 있어서 만족할만한 성과를 거두고 이를 유지하는 것, 여가시간을 활용하는 것, 배우자와의 관계에서 겪는 중년기의 생리적 변화를 수용하고 적응하는 것, 노화해 가는 부모들에 대하여 적응하는 것 등이다.

한편, 우리나라에서는 김종서·남정걸·정지웅·이용환(1982)이 전문가들의 평정과정을 통하여 평생교육적 관점에서 한국인의 발달과업을 규정하려고 시도하였다. 이들은 평생교육의 측면에서 ① 유아기(0-5, 6세),

② 아동기(6-11, 12세), ③ 청년전기(12-18, 19세), ④ 청년후기(19-24, 25세), ⑤ 성인전기(25-35세), ⑥ 성인후기(35-60세), ⑦ 노년기(60세 이후) 등 전 생애를 7단계로 구분하였다. 또, 이들 각 단계마다 지적(知的)영역, 정의적(正義的)영역, 사회적(社會的)영역, 신체적(身體的)영역 등에서 해야 할 과업이 따로 있다고 보았다. 여기서 이와 같은 7가지 인생의 단계 가운데 제 5단계인 성인전기부터 제 6단계인 성인후기까지의 발달과업을 살펴보면 다음과 같다.

① 제 5단계 : 성인 전기(25-35세)
ㄱ. 지적 영역
- 수입에 알맞은 합리적인 가정관리를 할 수 있는 지식을 갖기
- 직업에서 발전할 수 있도록 지식, 정보, 기능을 발전시키기
- 현대 산업사회의 구조를 이해하고 적응하기
- 사회생활을 원만히 할 수 있는 상식과 식견을 넓히기
- 가족생활이나 부부생활을 원만히 할 수 있는 성지식을 습득하기

ㄴ. 정의적 영역 및 사회적 영역
- 배우자와 원만한 인간관계를 가지기
- 자녀를 성공적으로 출산하고 잘 기르기
- 직장에서 자신의 일을 만족스럽고 보람 있게 수행하기
- 직장이나 단체생활에서 선의의 경쟁을 하고 원만한 인간관계를 맺기
- 자녀들의 필요를 잘 헤아려 부모로서의 역할을 다하기
- 진지하고 풍부한 사회생활을 영위하기

ㄷ. 신체적 영역
- 정상적인 신체 기능 유지를 위해 운동하기
- 과로, 과음, 지나친 흡연 등을 삼가기
- 건강을 해치지 않도록 규칙적인 생활을 하기
- 가정과 주위의 청결한 환경을 유지하기

② 제 6단계 : 성인 후기(35-60세)

ㄱ. 지적 영역
- 일정한 경제적 생활수준을 세우고 유지하기
- 직업이 요구하는 새로운 지식과 능력을 계속 추구하기
- 자녀와 청소년을 건전하게 양육하고 교육하기
- 사회변천에 적응할 수 있는 지식과 기능을 갖기
- 사회제도, 규범, 기관 등에 대한 지식과 활용능력을 갖기

ㄴ. 정의적 영역
- 배우자 및 자녀와 인격적인 관계를 유지하기
- 새로운 가족을 맞아들이고 융화하기
- 취미를 살려 여가를 유용하게 보내기
- 젊은 층을 이해하고 함께 어울리기

ㄷ. 사회적 영역
- 부모로서 자녀에게 해야 할 역할과 책임을 다하기
- 손아래 사람과 부하를 선도하고 좋은 영향력을 주기
- 사회의 윗사람으로서 알맞은 역할과 도리를 다하기
- 미풍양속을 실천하고 발전시키기
- 연로한 부모를 편히 모시기
- 사회적 지위나 성취에 알맞은 처신을 하기
- 지역사회와 국가 발전을 위한 활동에 적극적으로 참여하기

ㄹ. 신체적 영역
- 중년기의 생리적 변화를 받아들이고 적응하기
- 적당한 섭생과 충분한 휴식으로 신체적 기능을 보전하기
- 규칙적인 운동으로 체력을 유지하기
- 질병에 대한 광범위한 지식을 갖고 가족의 건강을 보호하기

2. 성인기와 독서치료

필자는 다음과 같은 이유 때문에 독서치료가 성인들에게 가장 적합한 방법이라고 생각한다.

첫째, 독서치료도 상담치료의 한 분야이므로 어떤 문제(해결을 하거나 도움 받고 싶은 과제, 스트레스, 어려움, 고민)가 있음을 전제한다. 하지만 성인이라고 해도 자신의 문제를 인정하고 치료 장면에 임하기는 쉽지 않다. 특히 내적인 부담과 외적인 시선에서 느끼는 불안을 떨쳐내지 못한다면 도움을 받을 수가 없다. 그러나 독서는 자신이 원하는 시간에, 원하는 장소에서 편하게 할 수 있는 장점을 지니고 있다. 따라서 책을 좋아하고, 적정한 책을 골라 읽을 능력만 있다면 도움을 받을 수 있다.

둘째, 아동 및 청소년들은 발달단계 상 통찰을 꾀하기가 어렵다. 그런데 모든 치료는 통찰을 지향하고, 나아가 그를 바탕으로 실행을 해서 만족스러운 결과 또한 얻어지기를 바란다. 따라서 통찰이 가능한 성인들은 독서치료가 유리하다.

이런 측면을 미리 고려한 국내 연구진들은 성인을 대상으로 독서치료 프로그램을 실시하고, 결과를 도출해 학위논문으로 완성을 했다. 김경숙(2003)과 최홍렬(2005), 지정오(2009), 홍서희(2010), 이태형(2011)은 '성인 아이(내면 아이)' 문제를 중심으로, 송부옥(2005)과 김순화(2005)는 성인 여성을 대상으로, 김수복(2010)은 부부 관계 증진에 초점을 두어, 김수희(2007)는 장애 아동 어머니를 위한, 장석례(2008)는 대학생을 대상으로 사이버 독서치료 상담의 필요성에 대해 연구했다. 출간된 학위논문의 연구 주제를 살펴보면 성인 아이(내면 아이 혹은 내재아) 문제에, 대상은 주부들에게 치우친 경향이 있다. 이런 결과가 나타난 데에는 여러 이유가 있겠으나 그 중 하나는 성인 남성들보다는 여성들, 특히 주부들이 프로그램에 참여할 수 있는 기회를 더 많이 갖기 때문이다. 다행스럽게도 대상에 대한 확장은 꾸준히 이어지고 있기 때문에 점차 성인 남성이 참여했던 사례와 연구에 대한 보고가 늘어날 것이며, 주제 면에서도 다양성이 기해질 것이라 기대한다.

다음은 성인들을 대상으로 프로그램을 운영하는 독서치료사에게 요구되는 자질이다.

첫째, 성인기 발달에 대한 이해가 있어야 한다. 발달심리에 대한 이해는 성인기만이 아니라 전 세대에 공통되게 적용되는 부분이다. 따라서 치료사는 인간의 발달에 대한 면을 지속적으로 탐구할 필요가 있다.

둘째, 치료사로서의 권위가 있어야 한다. 성인은 일정 연령 이상을 살아오면서 여러 경험을 한 사람이다. 따라서 이미 상담치료를 접해본 경험이 있을 수도 있고, 심리학적인 지식을 갖추고 있을 가능성도 있다. 또한 그들은 어떤 사람을 판단하고 평가할 수 있는 저마다의 기준을 갖고 있기도 하다. 따라서 그 부분을 넘어서고 신뢰감과 친밀감도 형성할 수 있으려면 치료사에게 권위가 있어야 한다. 여기서 말하는 권위는 치료를 받으러 온 사람들이 기꺼이 고민을 털어놓을 수 있는 편안함, 내 문제를 해결해 줄 수 있을 것 같은 믿음을 포괄한 것이다.

셋째, 성인들을 대상으로 한 집단 독서치료 프로그램에서는 모두가 치료사라는 인식을 가져야 한다. 물론 내가 리더로서 집단을 이끌어 나가겠지만, 참여자 한 사람 한 사람 또한 전문성을 갖추고 있다. 따라서 그 부분을 활용할 수 있는 능력을 갖추어야 한다.

그밖에도 여러 자질이 요구되지만, 아마 이 책을 읽고 계신 여러분 자신이 잘 알고 있지 않을까 생각한다. 그러므로 독서치료 장면에서 성인들을 만나는데 부담을 느끼고 있다면, 스스로가 부족한 부분을 찾아 채워 나가야 할 것이다.

첫 번째 만남

중년 여성의 빈 둥지 증후군 예방 및
해소를 위한 독서치료 프로그램

1. 프로그램의 필요성

인간은 누구든지 관계 속에서 살아간다. 그것은 사람일 수 있고, 어떤 대상일 수 있고, 지위와 역할일 수도 있다. 위기는 자신이 삶에 중대한 위협을 느낄 때 일어나는 공포의 감정이다.[3] 이러한 위기가 다가와 삶의 기둥 같은 대상을 상실할 때 큰 고통을 당하며, 삶의 원동력을 잃고 절망하게 된다.[4]

그런데 중년기를 칭하는 용어 가운데에도 '위기'라는 말이 있다. 위기를 뜻하는 영어 단어 crisis는 헬라어 크리네(κρινειγ)에서 연유한 것으로, 그 뜻은 결단하다(to decide)이다. 더불어 이 말은 전환점(turning point), 절정(climax), 전기(juncture), 판단(judgement) 등과도 같은 뜻으로 쓰인다고 한다.

하워드 스톤(Howard W. Stone)은 위기를 "어떤 외적 위험에 대한 개인의 내적 반응"이라고 정의하였다.[5] 그에 의하면 위기에는 두 가지 종류가 있다. 하나는 발달적 위기(developmental)이고, 다른 하나는 상황적 위기(situational crisis)이다. 발달적 위기는 삶의 과정에서 연륜과 경험에 따라 필수적으로 맞이하게 되는 것으로, 이것은 세계 어느 곳에서나 경험할 수 있는 보편적인 현상이다. 에릭슨을 비롯해서 다른 여러 발달심리학자들은 인간의 변화 과정인 발달적 위기를 다음과 같이 분류한다.[6]

---

3) 정태기. 2005. 『위기와 상담』. 서울: 상담과 치유. p. 50.
4) 임채일. 2006. 「중년기 위기 극복을 위한 기독교교육학적 방안 연구 : 만남의 기독교교육을 중심으로」. 박사학위논문. 호남신학대학교 목회전문대학원. p. 68.
5) Howard W. Stone. 1976. *Crisis Counseling*. Philadelphia: Fortress Press, 12.
6) 정태기. 앞의 책. pp. 61-62.

① 태아기에서 유아기
② 유아기에서 아동기
③ 아동기에서 사춘기나 청소년기
④ 청소년기에서 성인기
⑤ 성인기에서 중년기
⑥ 중년기에서 노년기
⑦ 노년기에서 사망

중년기는 인생의 발달과정에 따른 신체적 변화와 역할의 변화에 적응하는 과정에서 불안하고 억압당하며 분노, 절망 같은 심리적, 정서적 장애를 초래하는 불균형의 시기이다. 자녀들은 대학 진학이나 결혼으로 오랜 동고동락의 시간과 공간에서 분리되어 부모로서는 수십 년간 맺어온 자녀들과의 관계성이 하나 둘씩 분산되는 체험을 하고, 남편은 사회생활을 통해서 자신의 위치를 확고히 세웠으나 아내 홀로 집안에 남아 자신을 돌아볼 때 '내가 누구인가'라는 질문에 대답이 없을 때, 이로 인해 '빈 둥지(empty nest)'의 심리적인 공허감을 맛보게 된다. 다시 말하면 성장한 자녀들을 학교, 직장 및 결혼 등으로 떠나보내고 우두커니 혼자 집을 지키는 여성들이 느끼는 고독감과 소외감을 '빈 둥지 증후군'(혹은 공소증후군)이라고 한다. 중년기에는 부부 사이의 관계가 원활치 못할 때 배우자에 대한 반감이 증가하고 자녀 출가에 대한 상실의 위기가 찾아온다. 그리고 가까운 사람들의 병과 사망으로 인해 죽음이 더 이상 남의 이야기나 소설과 영화에 나오는 픽션이 아니라는 사실을 감지하고 나의 차례가 뒤이어 있다는 사실을 절감하게 된다. 빈 둥지 증후군은 특히 여자들에게 많이 나타나며, 그 결과 우울증과 마음의 병으로 발전할 수 있는 가능성이 많다.[7]

---

7) 김경순. 2009. 「중년기 부부의 위기와 문제치유를 위한 가정사역의 방안 모색」.

그래서 '빈 둥지 증후군'은 중년의 주부가 자기 정체성 상실을 느끼는 심리적 현상으로 정의되기도 한다. 이 시점에 놓인 주부들은 남편의 사회생활과 자식의 성장에 따른 독립으로 인해 마치 양육을 마친 뒤 날려 보내고 빈 둥지를 지키고 있는 어미 새와 같은 신세가 되었다는 심리적 불안을 느낀다. 따라서 빈 둥지 증후군은 여성의 사회적 지위와도 밀접하게 연관되어 있다. 즉 직업을 갖고 사회생활을 하기 때문에 자신의 역할이 가정 내에서의 주부에만 머물러 있지 않은 여성들에게는 빈 둥지 증후군이 적게 발생할 수 있다. 대신 남편이나 자식에 대한 '내조자'로 살며 자기 자신을 철저히 잃어버리고, 그들에게 많은 부분을 의탁하고 있는 주부들에게는 자괴감과 소통의 부재, 공허감과 불안감이 어우러져 빈 둥지 증후군이 유발될 가능성이 높다.

세계보건기구(WHO)와 하버드대학교의 공동 연구 결과에 의하면 빈 둥지 증후군과 같은 우울증이 2020년에 인류를 괴롭힐 세계 2위의 질병이 될 것이라고 전망했다. 이에 필자는 중년기 여성들을 위해 빈 둥지 증후군 예방과 해소를 위한 상담심리치료 프로그램이 필요하다고 생각했다. 이 책에서는 그 한 방법으로 독서치료를 통해 빈 둥지 증후군을 예방하고 해소할 수 있는 방안을 경험적으로 제시하고자 했다.

석사학위논문. 안양대학교 신학대학원. p. 84.

2. 프로그램의 구성

본 프로그램은 성인기 중기를 지나고 있는 주부들을 대상으로 한다. 참여 인원은 10명 내외, 한 세션 당 운영 시간은 2시간이다. 사전 인터뷰를 통해 자발적 동기가 얼마나 있는지, 독서에 대한 흥미가 있는지, 지원자가 운영 목적에 적합한 사람인지 등을 파악하여 선발을 하고, 이어서 선발된 참여자들과 총 12회에 걸쳐 프로그램을 운영한다. 프로그램에 참여한 주부들은 두꺼운 분량의 책을 읽고 올 수 있을 정도의 시간적 여유가 있을 테지만, 자괴감, 공허감, 불안감을 종합한 우울감을 갖고 있을 거라는 측면을 고려해, 무엇인가 준비를 해 와야 한다는 부담감을 줄여주기 위해 해당 세션마다 치료사가 읽어주거나 함께 읽고 발문을 통한 상호작용을 할 수 있는 짧은 분량의 그림책이나 시, 수필, 노래 가사 등을 주로 선정했다.

독서치료는 선정된 문학작품을 읽고 상호작용을 통해 도움을 받는 분야이기 때문에, 이 프로그램에 참여하는 주부들은 치료사가 선정한 자료를 읽고 이야기를 나누는 과정, 관련 활동을 통해 미처 말로 다 표현하지 못한 측면들을 표현하면서 빈 둥지 증후군을 예방하고 해소하는 기회를 가질 것이다. 프로그램의 세부 계획은 〈표 1-1〉에 담겨 있다.

〈표 1-1〉 중년 여성의 빈 둥지 증후군 예방 및
해소를 위한 독서치료 프로그램

세션	세부목표	선정 자료	관련 활동
1	오리엔테이션 및 라포 형성	시 : 선택	프로그램 소개, 집단 서약서 작성, 치료사 및 참여자 소개, SCT 검사
2	지나온 삶 점검	시 : 한 세월이 있었다	인생선 그리기
3	가족 관계 점검	도서 : 가족의 목소리	KFD
4	빈 둥지 증후군 양상 점검	드라마 : 달콤한 나의 도시	가족 앨범의 변화에 따른 감정 나누기
5	변화 받아들이기	글 : 두려움을 뚫고 시 : 처서	내가 맞은 변화와 그에 대한 결과, 그리고 미래
6	관계 비우기	시 : 사랑한다는 것으로 시 : 나의 꽃	그림으로 묘사한 나의 꽃
7	자녀와의 관계 재정립	시 : 당신의 아이들은	자녀에게 정서적 이별을 고하는 편지 쓰기
8	부부 관계 재정립	시 : 남편	내가 원하는 부부 관계 청사진 작성
9	나 보듬어 주기	시 : 나를 위로 하는 날	모방 시 쓰기
10	하고 싶은 일 찾기	시 : 나를 위해 도서 : 여자에게 일이란 무엇인가	나를 위해 하고 싶은 일 목록 만들기
11	하고 싶은 일과 내 삶 조율하기	시 : 인생은 운명이라 하셨지만	생활 명세서 작성
12	나 세우기	글 : 나 자신	소감문 쓰기, 종결

3. 프로그램의 실제
중년 여성의 빈 둥지 증후군 예방 및 해소를 위한 독서치료 프로그램

제1회 : 오리엔테이션 및 라포 형성
〈프로그램 소개, 집단 서약서 작성, 소개 나누기, SCT 검사〉

한 사람이 자신에게 심리 정서적인 문제가 있음을 인지하고(자의든 타의든) 상담심리치료 장면에 임하려면 큰 용기가 필요하다. 특히 성인기 중기에 이를 때까지 자신의 방식대로 살아온 사람들에게, 그동안의 삶이 현재 겪고 있는 문제의 주춧돌이 된 부분이 있다는 것을 인정하는 것은 쉽지 않은 일일 것이다. 그렇기 때문에 상담심리치료사들은 그런 기회를 갖고자 시도를 한 것만으로도 이미 변화의 물꼬가 터진 것이라 생각한다.

그런데 만약 집단 첫 세션의 분위기가 차갑고 배타적이라면 어떨까? 애써 먹은 마음이 눈 녹듯이 사라져 버릴지도 모른다. 나아가 다시는 상담심리치료를 받아봐야겠다는 마음을 먹지 않을지도 모른다. 따라서 모든 집단 프로그램의 첫 세션은 온정적인 분위기일 필요가 있다. 서로가 비슷한 어려움을 갖고 있다는 보편성을 느끼고, 마음껏 이야기를 할 수 있는 곳이라는 편안함을 제공해 주어야 한다. 만약 이런 분위기가 형성된다면 이 집단 내에서는 참여자들 간의 결속성과 응집력이 빠른 시간 내에 생겨, 결국 많은 참여자들에게 도움이 되는 시간이 될 것이다.

다음은 집단 독서치료 프로그램의 첫 세션에 필요한 활동을 간단히 정리한 것이다.

첫째, 집단 독서치료 프로그램에서도 가장 중요한 것 가운데 한 가지는 각 세션에 맞는 적정 자료를 고르는 일이다. 특히 첫 세션의 자료는 참여자들에게 독서치료의 인상을 결정짓게 만드는 것이다. 따라서 반드시 자료를 선정할 필요가 있으며, 나아가 적절히 활용할 필요도 있다.

둘째, 프로그램에 대한 소개 역시 막연한 기대로 프로그램에 참여한 참여자들에게 반드시 필요한 활동이다. 치료사에 의해 소개가 이루어지고 나면 참여자들은 궁금했던 부분에 대한 질의를 할 수도 있으며, 이 과정은 향후 프로그램에 열심히 참여하거나 집단을 떠나게 만들 수도 있다.

셋째, 집단 서약서는 안전한 환경을 만들기 위한 또 하나의 장치이다. 물론 서약서에 담긴 약속을 모두 지킬 것인가에 대해서는 100% 확신을 할 수 없지만, 그럼에도 서로가 노력을 해야 한다는 인식을 심어 주고 동기 또한 유발시켜 준다. 따라서 비밀 보장 등의 내용이 담긴 서약서를 반드시 작성하도록 해야 한다.

넷째, 첫 세션에는 참여자들 각자의 소개도 나누어야 한다. 집단 참여자들은 자신들이 참여할 프로그램에 대한 세부적인 내용들 못지않게 함께 참여할 사람들에 대해서도 궁금증을 갖고 있다. 따라서 자유롭게 자신의 정한 범위 내에서 이야기로만 진행을 하든, 특정 양식을 만들어서 배부를 한 뒤 작성해서 발표할 수 있도록 하든, 두 사람씩 짝을 지어 인터뷰를 한 뒤 상대방을 소개해 주는 방식을 택하든, 서로에 대해 알 수 있는 기회를 제공하는 것은 매우 중요하다.

다섯째, 마지막으로 집단 프로그램 첫 세션에는 심리검사를 진행하기도 한다. 물론 심리검사는 상담심리치료가 진행되는 어느 때라도 필요하면 실시할 수 있지만, 참여자들의 문제를 명확히 파악하기 위함이라면 첫 세션이나 두 번째 세션 이내에 하는 것이 좋다.

(1) 선정 자료

① 선택 : 『가끔, 막차를 놓치고 싶다』/ 정의순 시 / 2010 글벗문학 제11집 / 2010년

첫 세션을 위해 선택한 자료는 '선택'이라는 제목의 시이다. '모든 것에는 갈등의 고리가 있다'는 행을 통해 동일시를 유발할 수 있을 것 같고, '또 다른 문이 있다'는 부분을 통해서는 참여자들의 마음에 희망의 싹을 틔울 수 있을 것 같다. 시의 전문은 〈참여자 활동자료 1-1〉에 있다.

(2) 관련 활동

① 프로그램 소개

프로그램 소개의 장은 치료사의 목표를 알림과 동시에 참여자들에게는 동기를 유발시킬 수 있는 기회이다. 따라서 과장되지 않게 성의껏 진행할 필요가 있다.

② 집단 서약서 작성

여러 차례 소개한 활동이라 생략하고자 한다.

③ 소개 나누기

소개 나누기를 위한 방법은 다양하다. 하지만 어떤 방법을 택하든 그 내용을 완성시키는 것은 참여자들이다. 따라서 어떨 때는 간결한 것이 정답일 수 있으며, 큰 틀만 제공을 하고 그들 나름대로 이야기할 수 있도록 하는 것도 괜찮다.

④ SCT 검사

일반적으로 문장완성검사는 다수의 미완성 문장을 피검사자가 자기 생각대로 완성하도록 하는 검사로[8], 상담현장에서 가장 빈번하게 사

용되는 투사적 검사 가운데 하나이다.9) 다른 투사적 검사와 마찬가지로 피검사자가 문장을 완성하는 과정에서 자신의 기본적인 동기, 태도, 갈등, 공포 등을 반영한다고 가정하고 있다.10) 로르샤흐검사, 주제통각검사에 비해 검사 자극이 분명하며 피검사자가 자극내용을 지각할 수 있도록 구성되어 있어 다른 투사검사들에 비하면 보다 의식된 수준의 심리적 현상들이 반응되는 경향이 있다.11)

문장완성검사는 단어연상검사의 변형으로 발전된 것이다. Cattell은 Galton의 자유 연상 검사로부터 단어연상검사를 발달시켰는데, 이를 Kraepell과 Jung이 임상적 연구를 통해 토대를 구축하고 Rapaport와 그의 동료들에 의하여 성격진단을 위한 유용한 투사법으로 확립되었다.12) 이렇게 확립된 단어연상검사로부터 문장완성검사가 발전하였다. 문장완성검사는 1897년 Ebbinghaus에 의해 최초로 사용된 이후 많은 사람들에 의해 개발되고 사용되어 왔는데, 그 중 현재 가장 널리 사용되고 있는 것은 Sacks의 문장완성검사(SSCT)이다.

SSCT는 Joseph M. Sacks에 의해 1950년에 개발되었다. Sacks는 가족, 성, 대인관계, 자아개념의 4개 영역에 대한 개인의 태도를 평가함으로써 개인의 성격을 추론하고자 하였다.13) 각 영역에서의 하위내용들을 보면 가족 영역에서는 어머니, 아버지 및 가족 전체에 대한 태도, 이성관계에 대한 태도, 친구와 지인 및 권위자에 대한 태도, 자신의 능력, 과거, 미래, 두려움, 죄책감, 목표 등에 대한 태도 등으로 구성되어 있

---

8) 최정윤. 2010. 『심리검사의 이해』. 서울: 시그마프레스.
9) 박영숙. 2004. 『투사적 검사와 치료적 활용』. 서울: 하나의학사.
10) 김영환·문수백·홍상황. 2005. 『심리검사의 이론과 실제』. 서울: 학지사.
11) 김계현 외. 2006. 『상담과 심리검사』. 서울: 학지사.
12) 최정윤. 2010. 앞의 책.
13) 박영숙. 2004. 앞의 책.

다.14) 처음 60개의 문항으로 구성되어 있었으나 내용이 반복되는 것을 제외하고 50개의 문항이 현재 많이 사용되고 있다.15)

문장완성검사는 한국가이던스(www.guidance.co.kr)에서 구입할 수 있으며, 해석 분류표 양식은 〈참여자 활동자료 1-2〉에 담았다.

---

14) 김영환·문수백·홍상황. 2005. 앞의 책.
15) 최정윤. 2010. 앞의 책.

〈참여자 활동자료 1-1〉

선택

정의순

내 영역으로 줄그어진 것들을 확인해본다
모든 것엔 갈등의 고리가 있다

어디서부터일까
존재감이 포개지듯 나를 버겁게 만들고
명치 밑에 뿌리 깊은 나무등걸 하나 누워 있다

섣부른 판단을 쭉 그어버리고
저울에 눈금을 지운다
또 다른 문이 있다

『가끔, 막차를 놓치고 싶다 / 정의순 /
2010 글벗문학 제11집 / 2010년』

〈참여자 활동자료 1-2〉

SCT 해석 분류표 (성인용)

피검자:＿＿＿＿　성별:＿＿＿　나이:＿＿＿　검사일:＿＿．＿．＿　검사자:＿＿＿＿

구분	번호	제시 문구	작성 내용	평점
① 어머니에 대한 태도	13	나의 어머니는		
	26	어머니와 나는		
	39	대개 어머니들이란		
	49	나는 어머니를 좋아했지만		
해석요약				
② 아버지에 대한 태도	2	내 생각에 가끔 아버지는		
	19	대개 아버지들이란		
	29	내가 바라기에 아버지는		
	50	아버지와 나는		
해석요약				
③ 가족에 대한 태도	12	다른 가정과 비교해서 우리 집안은		
	24	우리 가족이 나에 대해서		
	35	내가 아는 대부분의 집안은		
	48	내가 어렸을 때 우리 가족은		
해석요약				
④ 여성에 대한 태도	9	내가 바라는 여인상은		
	25	내 생각에 여자들이란		
해석요약				
⑤ 남성에 대한 태도	8	남자에 대해서 무엇보다 좋지 않게 생각하는 것은		
	20	내 생각에 남자들이란		
	36	완전한 남성상(男性像)은		
해석요약				

⑥ 이성, 결혼에 대한 태도	10	남녀가 같이 있는 것을 볼 때		
	23	결혼 생활에 대한 나의 생각은		
	37	내가 성교를 했다면		
	47	나의 성생활은		
해석요약				
⑦ 친구나 친지에 대한 태도	6	내 생각에 참다운 친구는		
	22	내가 싫어하는 사람은		
	32	내가 제일 좋아하는 사람은		
	44	내가 없을 때 친구들은		
해석요약				
⑧ 권위자에 대한 태도	3	우리 윗사람들은		
	31	윗사람이 오는 것을 보면 나는		
해석요약				
⑨ 두려움에 대한 태도	5	어리석게도 내가 두려워하는 것은		
	21	다른 친구들이 모르는 나만의 두려움은		
	40	내가 잊고 싶은 두려움은		
	43	때때로 두려운 생각이 나를 휩쌀 때		
해석요약				
⑩ 죄책감에 대한 태도	14	무슨 일을 해서라도 잊고 싶은 것은		
	17	어렸을 때 잘못했다고 느끼는 것은		
	27	내가 저지른 가장 큰 잘못은		
	46	무엇보다도 좋지 않게 여기는 것은		
해석요약				

⑪ 자신의 능력에 대한 태도	1	나에게 이상한 일이 생겼을 때	
	15	내가 믿고 있는 내 능력은	
	34	나의 가장 큰 결점은	
	38	행운이 나를 외면했을 때	
해석요약			
⑫ 과거에 대한 태도	7	내가 어렸을 때는	
	33	내가 다시 젊어진다면	
	45	생생한 어린 시절의 기억은	
해석요약			
⑬ 미래에 대한 태도	4	나의 장래는	
	11	내가 늘 원하기는	
	16	내가 정말 행복할 수 있으려면	
	18	내가 보는 나의 앞날은	
	28	언젠가 나는	
해석요약			
⑭ 목표에 대한 태도	30	나의 야망은	
	41	내가 평생 가장 하고 싶은 일은	
	42	내가 늙으면	
해석요약			
일반적 요약			

제2회 지나온 삶 점검
〈인생 그래프 그리기〉

    인생의 황혼기에 접어든 분들 가운데, 시간이 너무 빨리 지나 버려 삶을 돌아볼 기회도 없었다는 분들이 계신다. 그때 '만약 중간 중간 지나온 삶을 돌아볼 기회가 있었다면 어땠을 것 같은가?' 혹은 '지나온 삶을 돌아볼 기회가 있었다면 무엇이 달라졌을 것 같은가?'라는 질문을 하면, 그 분들은 어떤 답을 할까. 역시 짐작이지만, 지금보다 훨씬 나은 생을 살고 있거나, 적어도 지금과 같은 후회는 하지 않을 것 같다는 답이 나올 가능성이 있다.

    지나온 삶을 돌아봤을 때 후회를 하지 않을 사람은 없을 것이다. 다만 그 후회의 크기나 양이 얼마나 크거나 많은가 아니면 그렇지 않은가의 차이일 것이다. 그렇다면 인생의 막바지에 이르러 후회를 적게 하기 위해서는 때때로 중간 과정을 점검할 필요가 있다. 그것이 무엇에 대한 것이든, 얼마나 오랜 시간이 걸리든 말이다.

    제 2회는 참여자들의 지나온 삶을 점검하는 시간이다. 벌써 인생의 절반을 살아온 분들이기 때문에 그 내용이 많을 것이라 짐작되고, 그렇다면 나누는데 많은 시간이 필요할 것이므로 '가장 기억에 남는 일' 위주로 표현을 유도하는 것도 한 방법이다. 혹은 본 프로그램에 참여하게 된 동기와 관련이 있는 일을 중심으로 묘사하고 이야기를 나누는 것도 좋은 방법이 될 수 있겠다.

(1) 선정 자료

① 한 세월이 있었다 :『쓸쓸해서 머나먼』/ 최승자 시 / 문학과지성사 / 2012년
1952년 충남 연기 출생, 시집『이 時代의 사랑』,『즐거운 日記』,『기억의 집』,『내 무덤, 푸르고』,『연인들』,『쓸쓸해서 머나먼』등이 있다. 두 번째 세션을 위해 선정한 시 '한 세월이 있었다'의 전문은 〈참여자 활동자료 2-1〉에 있다.

(2) 관련 활동

① 인생선 그리기

4-50년 혹은 그 이상 살아온 세월을 선으로만 표현을 하는 것이 무척 단순하다고 생각할지 모르겠으나, 그 참여자들은 그 선을 그리며 눈물을 쏟기도 한다. 왜냐하면 그 굴곡이 마치 내 삶과 비슷하다 여기기 때문이다.

본 활동은 필자가 즐겨 활용하는 것으로 이미 여러 책에서 소개를 했던 바, 이곳에서는 생략한다.

〈참여자 활동자료 1-2〉

한 세월이 있었다

최승자

한 세월이 있었다
한 사막이 있었다
그 사막 한가운데서 나 혼자였었다
하늘 위로 바람이 불어가고
나는 배고팠고 슬펐다
어디선가 한 강물이 흘러갔고
(그러나 바다는 넘치지 않았고)
어디선가 한 하늘이 흘러갔고
(그러나 시간은 멈추지 않았고)
한 세월이 있었다
한 사막이 있었다

『쓸쓸해서 머나먼 / 최승자 지음 / 문학과지성사 / 2010년』

제3회 가족 관계 점검 〈KFD〉

> 네가 나를 길들이면 우리는 서로 필요해질 거야.
> 내게는 네가 세상에서 하나밖에 없는 아이가 될 것이고,
> 네게는 내가 이 세상에 하나밖에 없는 여우가 될 거야.
>
> - 『어린 왕자』 중에서

사회적 동물로 살아가며 긍정적인 관계를 맺고 싶은 사람들은 항상 관계에 대해 고민을 한다. 생텍쥐페리의 소설 '어린 왕자'는 '장미', '여우'와의 만남을 통해 관계에 대해 생각할 수 있는 기회를 준다. 우선 '장미'는 작은 별에 혼자 살고 있던 어린 왕자 앞에 나타나, 그를 사랑에 빠지게 만든다. 하지만 '장미'는 정성을 다해 돌봐주는 어린 왕자에게 투덜대기만 할 뿐 그의 존재에 대한 소중함을 모르고, 결국 어린 왕자가 자신의 별을 떠나게 만든다. 여러 별을 여행하다 지구에 도착한 어린 왕자는 장미가 가득 피어 있는 정원을 만나게 되고, 이제껏 자신이 가장 소중하다고 여긴 것이 무척 흔한 것임을 알고 슬퍼하게 된다. 그때 '여우'는 어린 왕자에게 다가와 관계는 '서로 길들이는 것'이라는 말을 해준다. 서로가 길들이고 길들여지면 비로소 의미 있는 관계가 된다는 것을 알려준 것이다.

'관계'라는 단어의 사전적 정의는 '둘 또는 여러 대상이 서로 연결되어 얽혀 있음', '연관이 되거나 영향을 미치다'이다. 사람을 사회적 동물에 비유하는 것을 보면 결국 대상들과 관계를 맺고 그 안에서 함께 살아갈 수밖에 없다는 의미일 텐데, 문제는 서로 도움을 주고받는 긍정적인 관계가 아닌 부정적인 관계 또한 많다는 점이다. 일례로 우리말 가운데 '뒤웅박 팔자'라는 것이 있다. 뒤웅박이란, 박을 쪼개지 않은

채로 꼭지 근처에 구멍만 뚫거나 꼭지 부분을 베어 내고 속을 파낸 바가지를 말하는데, 이 뒤웅박에 부잣집에서는 쌀을 담고 가난한 집에서는 여물을 담기 때문에, 여자가 부잣집으로 시집을 가느냐, 아니면 가난한 집에 시집을 가느냐에 따라 그 여자의 팔자가 결정된다는 뜻으로 쓰였다. 물론 이 말은 관계의 한 축인 여성을 무기력한 존재로 묘사하고 있다는 한계가 있지만, 결과적으로 긍정 혹은 부정의 관계가 형성될 수 있다는 측면은 잘 보여준다.

가족은 1차적 관계이다. 따라서 서로가 원해서 형성된 관계는 아닐지라도 평생 엮여 있어야 한다. 운이 좋은 사람들은 가족을 넘어 사회에서의 관계 또한 긍정적으로 맺을 수 있는 기반을 갖겠지만, 상황이 정반대인 사람들도 있다. 상담심리치료 장면에서 만나는 분들의 가족관계는 후자인 경우가 많은데, 그래서 한 번쯤은 탐색을 해 볼 필요가 있다.

(1) 선정 자료

① 『가족의 목소리』 / 대니얼 고틀립 지음, 정신아 옮김 / 문학동네 / 2011년

이 책은 저자가 20년 넘게 진행해온 필라델피아 공영방송 'WHYY-FM'의 장수 상담 프로그램 '가족의 목소리(Voices in the family)'에서 다루어진 청취자들의 사연과, 저자 자신의 경험이 함께 만들어낸 것이다. 결과적으로 저자는 성공한 사람임에 분명하지만, 그가 살아온 과정은 결코 그렇지 못했다. 그는 고교 시절 학습장애로 인해 낙제를 거듭했으며, 대학은 두 번이나 옮기면서 결국 템플 대학교에서 심리학 박사 학위를 받을 때까지 많은 어려움을 겪었다. 젊고 패기만만한 정신의학 전문의로서 성공적인 커리어를 쌓아가던 서른세 살의 어느 날에는, 결혼 10주년을 맞아 아내에게 줄 선물을 찾으러 가는 길에 그는 교통사고로 척추에 손상을 입어 사지가 마비되고 만다. 그 후 극심한 우울증

과 이혼, 자녀들의 방황, 아내와 누나, 부모님의 죽음을 차례로 경험하면서 지속되는 어려움에 힘들어 했지만, 그 모든 것을 이겨 내면서 현재는 사람들의 마음을 어루만지는 심리학자이자 라디오 진행자로 활동하고 있다.

이 책 '가족의 목소리'는 총 4부로 이루어져 있다. 1부는 '부모의 목소리', 2부는 '배우자의 목소리', 3부는 '아이의 목소리', 4부는 '나 자신의 목소리'. 따라서 한 권을 다 읽게 되면 여러 가족 구성원과 대화를 나눈 듯한 느낌이 드는 것은 물론이고, 가족 관계를 나아가 나를 생각할 수 있는 기회를 준다.

집단 독서치료 프로그램에서 분량이 많은 책을 선정하는 것은 참여자들에게 부담을 줄 수 있다. 그럴 때는 일정 부분만 선택을 해서 나누는 것도 한 방법이다.

(2) 관련 활동

① KFD

이 검사에 대한 설명은 『성인을 위한 독서치료 1』 다섯 번째 만남 제7회를 참고하시라.

제4회 빈 둥지 증후군 양상 점검
〈가족 앨범의 변화에 따른 감정 나누기〉

필자는 외국에 다녀 온 경험이 많지 않다. 하지만 외국에 가족과 친구가 살고 있어 종종 소식을 전해 듣고, 인터넷 등의 경로를 통해 외국의 문화를 종종 엿보기도 한다. 그러면서 우리나라와 비교와 대조를 해보는데, 외국의 문화 중 가장 바람직하다고 여기는 것 중 하나는 자녀들을 이른 나이에 독립시키는 것이다. 물론 그렇다고 해서 모든 외국의 부모가 18세가 되면 독립을 시키는 것은 아니겠지만, 그런 문화가 사회를 지배하고 있으니 자녀들 스스로 독립에 대한 준비를 한다는 점이 바람직하고 필요하다는 것이다. 왜냐하면 우리나라는 그런 문화가 정착되어 있지 않기 때문에.

물론 우리나라에도 외국의 문화가 급속도로 유입되면서 기존의 부모-자녀 사이에도 변화가 생기고 있음은 분명한 사실이다. 대학에 입학하면 첫 학기 등록금만 도와주고 이후부터는 스스로의 힘으로 생활하게 하는 부모님을 종종 볼 수 있으니까. 하지만 학교를 졸업하고 취업할 나이가 되었음에도 취업을 하지 않거나 취직을 해도 독립적으로 생활하지 않고 부모에게 의지하는 캥거루족 또한 여전히 많다는 뉴스가 나오는 것을 보면, 자녀를 의존하게 만드는 부모님들 또한 상당수인 것 같다.

그런데 여기서 생각해 볼 점은 부모-자녀 관계가 경제적인 독립만으로 설명할 수 없다는 것이다. 그 전에 애착 관계를 점검해 볼 필요가 있고, 그 이외 여러 부분들도 생각해 볼 필요가 있다. 특히 초기의 애착 관계는 향후 자녀들이 겪는 문제만이 아니라 부모들이 겪는 빈 둥지 증후군과도 밀접한 관련이 있다. 왜냐하면 결국 빈 둥지 증후군도 분리에서 오는 불안의 한 양상이기 때문이며, 부모-자녀 관계에서의 문제라는 점에서는 내가 자녀의 입장이었을 때 부모와 맺은 관계와도 관련성이 있기 때문이다.

자고로 모든 관계는 적당한 거리를 두고 있을 때 가장 좋다. 거리는 간격이나 벽이라는 말로 바꾸어도 되는데, 적당한 거리는 서로를 지킬 수 있고 편안히 쉴 수 있는 환경도 제공해 주기 때문에 반드시 필요하다. 그런데 대부분의 사람들은 서로 가까워질수록 거리를 좁히고 좁혀 결국 모든 것을 공유하려 한다. 만약 상대방이 거리를 두려 하면 그만큼 자신을 사랑하지 않거나 중요하지 않은 사람이라 여긴다고 느끼기 때문에 서운함을 토로하며 더욱 다가가려고 한다. 그러나 이는 관계를 해치는 지름길이며, 이 원리는 가족 관계에도 그대로 적용된다.

(1) 선정 자료

① 달콤한 나의 도시 / 최강희·이선균·지현우·문정희 주연 / SBS-TV 드라마 / 2008년 방송

'달콤한 나의 도시'는 정이현 씨가 쓴 소설을 각색해 만들어진 드라마로, 중국에서도 리메이크가 되어 방영 예정일만큼 인기를 끌었던 드라마이다. 이 작품은 도시에 살고 있는 미혼 여성들의 일과 우정, 그리고 사랑을 그리고 있으며, 제4회를 위해 이 드라마를 선택한 이유는 주인공 은수(최강희 역할)를 떠나보낸 엄마가 겪고 있는 빈 둥지 증후군을 보여주는 장면이 담겨 있기 때문이다.

(2) 관련 활동

① 가족 앨범의 변화에 따른 감정 나누기

앨범은 한 가족의 역사를 고스란히 담고 있는 매체이다. 따라서 우리는 한 권의 앨범을 통해 한 사람, 한 가족의 역사를 알 수 있다. 따라서 제4회의 활동으로는 가족 앨범을 활용해 사진치료(Photo Therapy)

의 원리를 활용한 감정 나누기 작업을 진행한다. 사진치료가 생소한 분들을 위해 개념을 간략히 소개하자면 다음과 같다.

사진치료(Photo Therapy)는 아직 미술치료, 음악치료, 무용치료 등 다른 장르의 예술치료만큼 대중적이지는 않다. 사진치료가 비록 심리치료의 한 분야로 명명되고 체계화되어 있지는 않지만, 오래전부터 연구되어 오고 있었고 실제로 그 방법이 정신의학계 전문가들에 의해 사용되어 오고 있었다. 정신의학 전문가들이 말한 '치료법으로서의 사진술의 사용(the using of photographic images as a therapeutic modality)'이 사진치료에 해당된다.16)

사진치료를 독립적인 치료의 갈래로 인식시킨 선구자들의 사진치료에 대한 정의를 살펴보면 다음과 같다. 더글라스 스튜어트(Douglas Stewart)는 사진치료란, '전문적인 심리치료사들이 내담자를 치료하는데 사진촬영이나 현상, 인화 등의 사진 창작활동 등을 시행함으로써 심리적인 장애를 경감시키고 심리적 성장과 치료 상의 변화를 가능케 하는 것'이라고 정의했다. 사진치료의 개척자 중 또 다른 대표적인 인물인 데이비드 크라우스(David Krauss)는 '사진의 이미지와 사진의 창작과정을 조직적으로 응용하여 내담자의 생각과 행동에 긍정적인 변화를 추구하는 것'이라고 사진치료를 설명하였다.17)

사진치료가 예술치료 안에서 자리매김 할 수 있는 것은 사진이 심리치료에서 가질 수 있는 두 가지 장점 때문이다. 하나는 사진치료는 진단과 치료가 동시에 이루어질 수 있다는 장점을 갖는다는 것이다.

---

16) Jerry L. Fryrear and David A. Krauss. 1983. Phototherapy : Introduction and Over view, Photo Therapy in Mental Health. Springfield, Il. : Charles Thomas. p. 3.
17) 이소영. 2009. 「시설치매노인의 기억력 회상을 위한 사진치료 사례연구 : 사진치료 기법개발을 중심으로」. 석사학위논문. 동서보완의학대학원.

미술치료는 일단 다른 방식으로 내담자의 증상에 대한 진단을 하고, 치료과정에서 미술매체를 다시 사용한다. 그러나 사진치료는 사진을 창작하거나 보는 과정에서 치료자가 내담자의 증상을 진단해 내는 동시에, 내담자 역시 자신의 증상을 알면서 치료가 가능한 것이다.[18]

사진치료의 장점 중 다른 하나는, 사진이 쉽게 접할 수 있는 매체라는 데에 있다. 사진을 찍는다는 것은 하나의 메커니즘을 따르는 활동이다. 기계를 다룬다는 것은 자아분화가 낮은 내담자들에게는 커다란 도전이 될 수 있다. 이러한 새로운 지식의 습득과 활용은 내담자에게 자아성취감을 느끼게 한다. 미술치료 역시 창작활동을 통해 자아 성취감을 느낄 수 있지만, 미술을 창작한다는 것에 두려움을 갖고 있는 환자들이 있을 수 있다. 이에 비해 사진치료는 내담자들이 갖는 창작의 두려움이 없다. 스냅사진, 잡지, 광고사진 등 사진 매체를 주변에서 쉽게 접할 수 있기에 내담자들에게 사진이라는 매체는 친숙하다. 그리고 셔터를 누른 것만으로 창작이 완성되기에 내담자들에게 친숙하여 초기 치료활동이 쉽게 진행될 수 있다. 이러한 사진 창작 활동을 통하여 내담자의 시선은 밖으로 향할 수 있는 것이다.[19]

사진의 역사는 길지 않다. 그러나 사진의 대중화의 속도는 그 어떤 것보다 빠르게 확산되었다. 사진치료의 발달은 이러한 대중화와 맞물려 이루어져 있다. 그건 점점 더 완벽해지고 다루기 쉬워지는 사진기의 발전과 밀접한 연계를 맺고 있으며, 사진치료의 방법도 이러한 기술적 발전과 더불어 다른 양상으로 나타나고 있다.[20]

---

18) 이소영. 2009. 앞의 논문.
19) 이소영. 2009. 앞의 논문.
20) 홍미선. 2011. 「투사적 기법을 중심으로 한 사진치료 연구」. 석사학위논문. 경성대학교 일반대학원. p. 36.

제5회 변화 받아들이기
⟨내가 맞은 변화와 그에 대한 결과, 그리고 미래⟩

'익숙함'은 편안함을 제공하지만 그와 동시에 안주하게 만드는 함정을 갖고 있다. 마찬가지로 '변화'는 새로움을 가져다주지만 위험을 수반하고 있다. 그래서 사람들은 나이가 들어갈수록 익숙함에 안주하며 변화를 꾀하지 않으려 하는 특성을 내보인다. 다시 말하면 변화는 두려움을 덜 느끼는 사람들의 특권인 셈이다. 따라서 나이가 든 사람보다는 젊은 사람들에 찾기가 쉬운 덕목이다. 하지만 살아 있음은 곧 변화의 다른 이름이다. 왜냐하면 소소해서 눈에 잘 띄지 않을지언정 우리는 매일 조금씩 변화되어 가고 있기 때문이다.

그런데 나이와는 무관하게 변화를 잘 받아들이는 사람이 있는 반면, 그렇지 못한 사람도 있다. 끊임없이 변화를 추구하는 사람이 있는 반면, 익숙함을 고수하는 사람들도 있다. 결과적으로 어느 쪽이 더 낫다고 말하기는 어렵지만, 변화에 민감하고 잘 받아들이는 사람은 생각이나 마음이 세상을 향해 열려 있을 가능성이 크기 때문에 어떤 어려움이 닥쳐도 잘 헤쳐 나갈 가능성이 높다. 그 어려움 또한 하나의 변화 과정이라고 인식할 가능성이 높다.

제5회는 참여자들이 맞이한 변화에 대해 점검하는 시간이다. 이 세션에서 다루고자 하는 변화는 나이가 들어감에 따라 자연스레 동반되는 신체적인 측면, 더불어 인지 및 정서적인 측면이 기본적으로 포함된다. 더불어 가족이나 친구, 이웃들과의 관계도 포함이 된다. 이처럼 다각도로 변화된 측면을 점검하다 보면, 자연스레 참여자 개개인이 수용할 수 있는 것과 그렇지 않은 것을 구분해서 정리할 수 있는 기회를 가질 것이다. 더불어 이 프로그램의 목표에 부합되는 자녀와의 관계에서 변화된 점, 그에 따른 양상들도 점검할 수 있을 것이다.

(1) 선정 자료

① 두려움을 뚫고 : 『그때 나를 통과하는 바람이 내게 물었다. 아직도… 그립니?』
 / 박광수 지음 / 중앙M&B / 2001년

'광수생각'이라는 작품으로 잘 알려져 있는 작가, 작가라기보다는 만화가라는 타이틀이 더 어울릴 것 같은 사람. 그런 그가 몇 칸의 만화로 表현해 내기에는 미진한 감이 있다며 내놓은 책이다. 작가는 이 책에 어린 시절의 경험에서부터 주변 사람들에 대한 추억 등 그리움에 대한 감상을 컬러 사진과 함께 담았다. 제5회를 위해 선정한 자료 '두려움을 뚫고' 전문은 〈참여자 활동자료 5-1〉에 담겨 있다.

② 처서 : 『몽유도원을 사다』 / 성선경 시 / 천년의시작 / 2006년

『아프니까 청춘이다』라는 책을 쓴 김난도 교수는 사람의 인생을 시간에 비유를 했다. 한 사람의 인생을 80년으로 잡고 하루 24시간으로 나누면 우리의 인생 시계는 1년에 18분씩 흘러가게 된다. 이를 다시 나이대별로 정리해 보면 10살은 새벽 3시, 15살은 새벽 4시 30분, 20살은 새벽 6시, 25살은 오전 7시 30분, 30살은 오전 9시, 35살은 오전 10시 30분, 40살은 정오가 된다. 이와 비슷하게 성선경 시인은 '처서'라는 작품을 통해 사람의 인생을 계절(절기)에 비유를 했다. 물론 세부적으로 구분을 지어 놓은 것은 아니지만, 속으로는 굽어져 찬바람이 불기 시작한다며 나이 40을 처서에 비유한 것을 보면, 40이라는 나이는 인생의 절반을 지나온 시점이라는 것을 짐작할 수 있다. 처서는 여름이 지나 더위도 한풀 꺾이고 선선한 가을을 맞이하게 된다는 절기이니, 사람마다의 차이는 있겠으나 시인의 비유가 지나치지 않아 보인다.

성선경 시인은 1988년 한국일보 신춘문에 당선으로 등단을 했고, 그동안 『널뛰는 직녀에게』, 『옛사랑을 읽다』, 『서른 살의 박봉씨』 등의 시집을 출간했다. 제5회를 위해 선정한 시 '처서'는 〈참여자 활동자료

5-1〉에 담겨 있다.

(2) 관련 활동

① 내가 맞은 변화와 그에 대한 결과, 그리고 미래

이 활동은 참여자 스스로 자신에게 찾아 온 변화와 그에 대한 결과, 그리고 미래에는 어떤 일이 발생할 것 같은지 점검해 볼 수 있도록 준비한 것이다. 활동지는 〈참여자 활동자료 5-3〉에 있다.

〈참여자 활동자료 5-1〉

두려움을 뚫고

박광수

어디로 가야 할지 모르겠니?
오른쪽으로 가야 할지, 왼쪽으로 가야 할지……,
오른쪽 길로 가면 완전히 잘못 가는 건 아닐까?
또 왼쪽 길로 가면 내가 가려던 방향과 더 멀어지는 건 아닐까?
어디로 가야 할지 모르겠니?
우리가 살다보면 그런 상황들이 한두 번쯤은 꼭 온단다.
어디로 가야할지 모르겠고, 알려주는 사람도 없고,
더군다나 내 목적지가 어딘지조차 잃어버렸을 때 말이야.
너무 막막하지?
하지만 기억해야 해. 어디로 가야 할지 몰라 막막해도
그 길에 그냥 멈춰 서 있어선 안 되는 거야.
결정의 시간은 약간 길어도 괜찮지만 분명한 건 오른쪽이든,
왼쪽이든 앞으로 나아가야 한다는 사실이지.
그렇지 않다면 너는 아마 계속 그 자리에 있을 거야.
만약 그렇다면 네가 원하는 목적지는 애초에 없는 것이겠지.
기억하렴. 잘 몰라서 멈칫하는 시간은 길어져도 괜찮단다.

하지만 결정되면 앞으로 나아가야 해.
아무 두려움 없이.

『그때 나를 통과하는 바람이 내게 물었다. 아직도… 그립니? /
박광수 지음 / 중앙M&B』

〈참여자 활동자료 5-2〉

처서(處署)

성선경

나도 이제
한참 때는 지났나 봅니다.
내 영혼 어디선가
설렁설렁 바람이 불고
내 무릎 아래에서
알기는 칠월의 귀뚜라미라고
말끝마다 사랑 사랑 합니다.

나는 이제 막 고개 위를 올라섰는데
속으로는 굽어져 이제 찬바람이 이네요.

누구 이런 변화를 알고 이름 지었을까요.
불혹(不惑),
나는 그쯤에서 흔들리기 시작했으니까요.

『몽유도원을 사다 / 성선경 시 / 천년의시작』

〈참여자 활동자료 5-3〉

내가 맞은 변화와 그에 대한 결과, 그리고 미래

예전과 비교했을 때 최근 여러분들이 겪고 있는 변화에는 어떤 것들이 있나요? 그리고 그에 따른 결과는 어떻습니까? 나아가 향후에는 어떤 변화가 있을 것 같은지 차례대로 생각해 적어 주십시오.

내가 겪은 변화	변화에 따른 결과	미래의 변화

제6회 관계 비우기
〈그림으로 묘사한 나의 꽃〉

　비운다는 것은 잃어버리는 것이 아니다. 오히려 무엇인가를 다시 채울 수 있는 기회이다. 하지만 대부분의 사람들은 이미 관계를 맺고 있던 것들을 비워내는 것에 대해 무척 어려워한다. 이는 소중한 것과의 관계를 정리해야 한다는 아쉬움, 비어 있는 곳에 다시 무엇인가를 채워야 한다는 부담감, 그것이 이전에 채워져 있던 것보다 좋지 않을지 모르는 불안감 등 여러 감정이 뒤섞인 결과일 수 있다. 그러나 거꾸로 생각해 보면 한 번 들어찬 것만을 유지하느라 더 나은 관계를 맺을 수 있는 기회를 빼앗기는 상황일 수도 있다. 따라서 때때로 창문을 열어 집 안 공기를 환기시키듯, 생각·마음·행동의 창을 열어 비울 것은 비우는 현명함도 필요하다. 그래서 다른 누군가가 아닌 나 자신을 위한 무엇인가를 더 채울 수 있는 기회를 만드는 것도 중요하다. 물론 관계라는 것은 맺기도 끊기도 어려운 것임에 분명하고, 기존의 관계에서도 덜어내고 싶지 않은 것들이 있겠지만.

　중년 여성의 빈 둥지 증후군 예방 및 해소를 위한 독서치료 프로그램 제6회는 '관계 비우기'에 초점을 맞추었다. 여기서의 관계도 여러 측면일 수 있지만, 최우선은 자녀들과의 관계에 두었다. 중년 여성들에게 있어 자녀는 20년 가까이, 혹은 그 이상 삶의 중심이었다. 따라서 그 관계를 비우는 것은 망망대해에서 좌표를 잃고 표류하는 배와 같은 결과를 가져올 수 있다. 그렇지만 비우기 작업이야말로 빈 둥지 증후군을 예방하고 해소하기 위한 첫 단계이기 때문에 반드시 실행할 필요가 있다. 따라서 이번 세션은 매우 중요한 시간이 될 것이다.

(1) 선정 자료

① 사랑한다는 것으로 : 『홀로서기 시선집』 / 서정윤 시 / 문학수첩 / 2004년
사랑으로 맺어진 관계에서의 결과가 늘 아름답기만 한 것은 아니다. 영화 『올가미』나 『미저리』에 나온 여인들의 모습도 사랑의 한 표현이었고, 『감각의 제국』이나 『뫼비우스』에 나온 여인들의 모습도 분명 사랑하기 때문에 행한 행동이었다. 그러나 그들의 표현은 아름답기보다 괴기스럽고 끔찍하다. 지나친 사랑으로 인해 비극을 만들었을 뿐이다. 이런 사랑은 그 어떤 고통도 이겨낼 수 있는 숭고하고 아름다운 사랑이 아니라, 상대방까지도 파괴시키는 잘못된 만남이었던 것이다.

아주 옛날부터 많은 사람들은 사랑에 대한 정의를 내려 보고자 애썼다. 하지만 모든 사람이 인정할 수 있는 사랑에 대한 정의는 만들어지지 못했다. 따라서 필자가 감히 사랑에 대한 정의나 범위를 정할 수는 없지만, 내가 사랑하는 사랑은 그 대상을 구속하는 것이 아니라 자유를 주는 것이다. 마치 이 시의 내용처럼 말이다.

제6회를 위해 선정한 시 '사랑한다는 것으로'는 '홀로서기'로 유명한 서정윤 시인의 시이다. 그는 1984년 『현대문학』에 '서녘바다'를 발표하며 등단했고, 평이한 시어를 통해 사랑의 세계를 서정적으로 그려내는 시인으로 유명하다. 그 대표 작품이 1987년에 출간된 시집 『홀로서기』이고, 이후 『소망의 시』, 『가끔 절망하면 황홀하다』 등을 출간했다. 시의 전문은 〈참여자 활동자료 6-1〉에 담겨 있다.

② 나의 꽃 / 한상경 시 / 경기도 가평 아침고요수목원 표석에 쓰여 있는 시
이 시를 쓴 한상경 씨는 국내 최대의 수목원으로 손꼽히는 '아침고요수목원'을 만든 분이다. 삼육대학교 원예학과에서 학생들을 가르칠 때에도 '나무 심는 교수'로 유명했던 분이었는데, 경기도 가평에 '아침고요수목원'을 만들면서, 표석에 이 시를 썼다고 한다. 그런데 더욱 놀

라운 것은 이 시의 내용이 아내 이영자 씨에게 고백하는 마음을 담은 것이라고 한다. 필자도 수목원에서 이 시를 처음 접했는데, 이번 세션을 위해 활용하면 좋겠다는 생각이 들어 인용을 했다. 시의 전문은 〈참여자 활동자료 6-2〉에 담겨 있다.

(2) 관련 활동

① 그림으로 묘사한 나의 꽃

이 활동은 선정 자료 '나의 꽃'과 연결되는 것으로, 시의 내용처럼 나에게 가장 의미가 있는 관계를 꽃으로 비유해 보는 것이다. 만약 그림으로 그리는 것을 어려워하는 참여자가 있을 가능성을 고려한다면, 다양한 종류의 꽃 그림이나 사진을 준비하는 것도 괜찮다. 아니면 꽃 이름만 적고 이야기를 나누어도 된다.

〈참여자 활동자료 6-1〉

사랑한다는 것으로

서정윤

사랑한다는 것으로
새의 날개를 꺾어
너의 곁에 두려 하지 말고
가슴에 작은 보금자리를 만들어
종일 지친 날개를
쉬고 다시 날아갈
힘을 줄 수 있어야 하리라

『홀로서기 시선집 / 서정윤 / 문학수첩』

〈참여자 활동자료 6-2〉

나의 꽃

한상경

네가 나의 꽃인 것은
이 세상 다른 꽃보다
아름다워서가 아니다

네가 나의 꽃인 것은
이 세상 다른 꽃보다
향기로워서가 아니다

네가 나의 꽃인 것은
내 가슴 속에 이미
피어 있기 때문이다

『경기도 가평 아침고요수목원 표석에 쓰여 있는 시』

제7회 자녀와의 관계 재정립
〈자녀와의 정서적 이별을 고하는 편지 쓰기〉

    학부모들을 대상으로 아이들의 발달과 자녀와의 관계에 대해 특강을 하다 보면, 자녀를 언제부터 정서적으로 독립시켜야 하냐는 질문을 받는 경우가 많다. 그럴 때면 필자는 모든 부모-자녀 관계에 적용할 수는 없겠으나 일반적으로 이렇게 답을 해준다. 우선 부모와 자녀가 정서적으로 독립될 수 있는 가장 좋은 기회는 자녀에게 사춘기가 왔을 때이다. 사춘기를 맞은 자녀들은 자연스레 혼자 있는 시간을 즐기거나, 정서와 문화 등 많은 면에서 코드가 맞는 또래 친구들과 함께하고 싶어 한다. 따라서 점차 부모들로부터 멀어지게 된다. 그러므로 이 시점이야말로 정서적인 분리를 통해 관계를 재정립할 수 있는 기회인데, 간혹 부모들 가운데 그 상황을 견디지 못하고 자녀를 자신 곁에 두고자 애쓰는 분들을 볼 수 있다. 하지만 이는 부모 자신만을 위한 결정이자 행동일 뿐, 자녀에게는 큰 도움이 되지 않는다. 따라서 부모는 이 시점이 되면 자녀가 자신의 품에서 떠날 준비를 하고 있다는 사실을 인지하고, 앞으로는 자신을 위해 어떤 일을 할 것인지에 대해 고민할 필요가 있다. 즉 이 세상에서 육체적·정서적·인지적인 측면에서 가장 친밀했던 관계에 조금씩 금이 가고 있음을 알아야 한다는 것이다. 그런데 이 금은 절벽이 되는 것이 아니라 옥수(玉水)가 흘러 양쪽의 토양을 더욱 비옥하게 만들어 주는 강이 될 것이니, 모두에게 경사스러운 일이다. 그렇기 때문에 특히 부모들은 이런 변화가 자연스러운 것이라 여기며 무리 없이 받아들이고 적응할 필요가 있다. 어리기만 한 줄 알았던 자녀가 청소년기를 거쳐 어른이 되어 사회의 일원이 될 것이니, 이 어찌 기쁘지 않은 일인가. 제7회는 참여자들이 자녀와의 관계를 재정립하는데 목표가 있다.

(1) 선정 자료

① 당신의 아이들은 : 『생일』 / 장영희 글, 김점선 그림 / 비채 / 2006년

좋은 시를 많이 담고 있어서 이미 여러 차례 소개를 드린 바 있는 장영희 교수가 소개한 시들을 엮은 책이다. 이 책에 소개된 시들은 셰익스피어부터 예이츠, T. S. 엘리엇, 에밀리 디킨슨, 로버트 프로스트 등이 쓴 것으로, 그들의 고뇌와 사랑, 의지, 인내, 희망을 주제로 하고 있다. 결국 주제는 우리들의 인생과 닮아 있어서, 읽는 이로 하여금 같은 감정을 느낄 수 있도록 이끈다. 제7회를 위해 선정한 시 '당신의 아이들은'의 전문은 〈참여자 활동자료 7-1〉에 담겨 있다.

(2) 관련 활동

① 자녀에게 정서적 이별을 고하는 편지 쓰기

글쓰기 치료의 한 기법인 편지 쓰기는 이미 여러 차례 설명을 드린 적이 있다. 따라서 구체적으로 이야기 드릴 필요는 없는데, 최근 그 가치를 알게 된 여러 사람들이 '용서 편지 쓰기' 등의 다양한 방법으로 적절히 접목을 시키고 있다는 소식이 여기저기서 들려오고 있어 반가운 마음이다. '자녀에게 정서적 이별을 고하는 편지 쓰기'는 이미 제목에 목표가 다 담겨 있기 때문에 별도의 설명은 드리지 않겠다. 더불어 편지지 양식 역시 쉽게 구할 수 있는 것이어서 예시 자료는 생략한다.

〈참여자 활동자료 7-1〉

당신의 아이들은

칼릴 지브란

당신의 아이들은 당신의 소유가 아닙니다.
그들은 당신을 거쳐 태어났지만 당신으로부터 온 것이 아닙니다.
당신과 함께 있지만 당신에게 속해 있는 것은 아닙니다.
당신은 아이들에게 사랑을 줄 수는 있지만
생각을 줄 수는 없습니다.
그들은 자기의 생각을 가지고 있기 때문입니다.
당신은 아이들에게 육체의 집을 줄 수는 있어도
영혼의 집을 줄 수는 없습니다.
그들의 영혼은 내일의 집에 살고 있고 당신은 그 집을
결코, 꿈속에서도 찾아가면 안 되기 때문입니다.
당신이 아이들처럼 되려고 노력하는 건 좋지만
아이들을 당신처럼 만들려고 하지는 마십시오.
삶이란 뒷걸음쳐 가는 법이 없으며,
어제에 머물러 있는 것도 아니기 때문입니다.

『생일 / 장영희 글, 김점선 그림 / 비채』

제8회 부부관계 재정립
〈내가 원하는 부부관계 청사진 작성〉

필자가 좋아하는 작가 '이보나 흐미엘레프스카'의 그림책 중『두 사람』은, 두 사람이 함께 사는 것은 함께여서 더 쉽고 함께여서 더 어렵다고 전제하며, 여러 관계를 다양한 사물로 비유해서 표현한다. 그런데 많은 장면들 가운데 기혼자들이 마음에 와 닿았다며 가장 많이 선택하는 장면의 내용은 다음과 같다.

> 두 사람은 드넓은 바다 위 두 섬처럼 함께 살아요. 태풍이 불면 함께 바람에 휩쓸리고 해질녘 노을에도 같이 물들지요. 하지만 두 섬의 모양은 서로 달라서 자기만의 화산, 자기만의 폭포, 자기만의 계곡을 가지고 있답니다.

그렇다면 기혼자들은 왜 이 장면이 가장 마음에 와 닿았던 것일까? 여러 이유가 있겠지만 부부의 인연을 맺은 뒤 함께 살아가며 여러 일들을 겪지만, 여전히 서로에게는 다름이 존재한다는 사실을 인정하고 있기 때문일 것이다.

우리는 제7회에서 자녀와의 관계를 재정립하는 작업을 마쳤다. 중년 여성에게 있어 자녀는 항상 최우선 위치에 놓여 있지만, 남편은 그렇지가 않다. 아이가 생긴 이후로는 남의 편인 사람처럼 취급을 받는다. 그러나 자녀보다 더 오랜 시간을 함께 할 사람은 바로 남편이다. 따라서 그동안 소원했던 관계를 재정립하여 자녀 중심의 가정문화를 부부 중심으로 바꾸어 나갈 필요가 있다. 제8회의 목표는 바로 거기에 있다.

(1) 선정 자료

① 남편 : 『양비귀꽃 머리에 꽂고』 / 문정희 시 / 민음사 / 2004년

우리나라에도 무척 많은 여류 시인들이 계시지만, 문정희 시인처럼 주부들의 마음을 잘 아는 사람은 드문 것 같다. 이런 평을 내리게 된 데에는 이번 세션을 위해 고른 '남편'이라는 시만 봐도 알 수 있다. 주부에게 있어 세상에서 제일 가깝지만 제일 멀기도 한 남자인 남편, 전쟁을 가장 많이 가르쳐 준 남자 남편, 제8회는 부인의 입장에서 남편과의 관계를 이야기 나눌 것이므로 적정한 자료라 생각해서 주저 없이 골랐다. 시의 전문은 〈참여자 활동자료 8-1〉에 담겨 있다.

(2) 관련 활동

① 내가 원하는 부부관계 청사진 작성

청사진은 미래의 일이나 사업에 대한 희망적인 계획이나 구상 등을 비유적으로 이르는 말이다. 따라서 나이와 성별을 불문하고 사람이라면 욕구가 있기 때문에 그것을 이루어 내기 위한 청사진을 세워 볼 수 있다. 이 활동은 세션의 목표에 맞추어 부부 관계에서의 청사진을 세워보도록 돕기 위한 것이다. 모든 욕구 또한 철저히 자녀에게 맞추어져 있던 주부들이 남편과의 관계에서 바라는 바를 이야기하기 시작하면 원망과 함께 분노 감정이 발생할 수도 있지만, 그 또한 관계를 재정립하기 위한 단계라 생각할 필요가 있다. 청사진은 문장으로 적어도 되고, 마인드맵처럼 구성해도 되며, 도표로 단계화해서 정리해도 된다. 완성이 되면 함께 나누면서 피드백을 주고받아 더 나은 청사진이 될 수 있도록 해보자.

〈참여자 활동자료 8-1〉

남 편

문정희

아버지도 아니고 오빠도 아닌
아버지와 오빠 사이의 촌수쯤 되는 남자
내게 잠 못 이루는 연애가 생기면
제일 먼저 의논하고 물어보고 싶다가도
아차, 다 되어도 이것만은 안 되지 하고
돌아누워 버리는
세상에서 제일 가깝고 제일 먼 남자

이 무슨 원수인가 싶을 때도 있지만
지구를 다 돌아다녀도
내가 낳은 새끼들을 제일로 사랑하는 남자는
이 남자일 것 같아
다시금 오늘도 저녁을 짓는다

그러고 보니 밥을 나와 함께
가장 많이 먹은 남자
전쟁을 가장 많이 가르쳐준 남자

『양귀비꽃 머리에 꽂고 / 문정희 / 민음사』

제9회 　나 보듬어 주기
〈모방 시 쓰기〉

    자신은 물론 타인과 다른 모든 존재들이 행복하고 평온해지기를 기원하는 마음을 계발하는 집중 명상의 한 방법으로 '자애명상(loving-kindness meditation)'이라는 것이 있다. 이 명상 방법은 초기 불교 문헌인 팔리어 경전에서 여러 차례 소개되어 있는 중요한 초기불교의 수행 방법이라고 하는데, 소개를 하고 싶었던 이유는 자애명상의 시작은 '나'부터이기 때문이다. 비록 제9회에서는 이 명상 방법을 활용하지 않지만 어렵지 않은 방법이므로 참여자들에게 알려주어 틈틈이 수행할 수 있도록 유도하는 것도 좋겠다. 자애명상에 대한 보다 자세한 설명은 다음과 같다.

    자애를 뜻하는 팔리어 메따(metta)는 자비, 선의, 동료애, 우호, 화합, 비공격적임, 비폭력 등 다양한 의미를 지닌 용어이다.[21] 메따의 어원적 의미는 두 가지이다. 하나는 '부드럽다'는 의미로, 땅을 촉촉하게 적셔주는 비처럼 조건 지워지지 않고 차별 없는 사랑의 마음이다. 메따의 다른 어원적인 의미는 '친구'이다. 자기 자신과 생명 있는 모든 존재에게 갖는 진정한 우정의 마음이다.[22] 이런 의미를 종합해 볼 때 자애는 사랑과 우정이 넘치는 이타적 태도로, 타인의 안녕과 행복을 추구하는 우정과 친절미와 인정이 있는 마음이라고 할 수 있다.[23]

    어머니가 자식을 보호하기 위해서는 자신의 목숨마저 버리듯이, 자

---

21) Buddharakhita, A. 1989. Metta : *The Philosophy & Practice of Universal Love*.(pp. 1-23). SriLanka : Buddhist Publication Society.
22) Salzberg, S. 2005. 『붓다의 러브레터[Loving kindness]』 (김재성 역). 서울: 정신세계사. (원전은 1995년에 출판).
23) Buddharakhita, A. 1989. 앞의 논문.

애의 마음 또한 주기만 할 뿐 어떤 보답도 바라지 않는다. 자기의 이익을 채우려 드는 것은 인간의 원초적인 본성이다. 이 본능이 타인의 이익과 행복을 늘려주려는 소망으로 승화될 때, 자기 본위의 근원적 충동이 극복될 수 있을 뿐 아니라 자기의 이익을 전체의 이익과 동일시하게 됨으로써 그 마음은 보편적이 된다. 이러한 변화를 이룸으로써 사람은 자신의 안녕 또한 증진하게 된다.[24]

자애명상의 방식은 매우 조직적이며 독특하다.[25] 자기 자신에게 자애의 마음을 직접 향한 채 어느 정도 시간이 지나면 자신에게 아주 좋은 사람들, 감사와 존경을 느끼는 분들에게 마음을 옮겨간다. 그런 후에 친한 친구를 향해 자애의 마음을 개발한다. 차차 자애의 마음을 보내기에 비교적 어려운 존재들에게로 마음을 옮겨간다. 좋지도 싫지도 않은, 무관심했던 사람에게 자애를 보내고 갈등관계에 있는 사람들, 용서하기 어렵고 생각하면 화가 나거나 두려운 사람들에게 자애의 마음을 낼 수 있는 단계가 되면 마음이 매우 강해지게 된다. 왜냐하면 적이나 관계하는데 어려움이 있는 사람들은, 사랑이 이를 수 있는 한계를 구분하는 경계선에 서 있기 때문이다. 이 지점에서 조건적인 사랑은 무조건적인 사랑으로 펼쳐진다. 이런 과정을 통해 자신과 다른 존재들을 향한 똑같은 사랑의 느낌을 길러낸다.[26]

자애명상은 언어로 된 경구와 시각화의 과정을 포함한다(Garland et al., 2010). 자애명상에서는 전통적으로 네 구절의 경구를 사용한다. '내가 / 그 사람이 위험에서 벗어나기를 기원합니다', '내가 / 그 사람이 정신적인 행복을 얻기를 기원합니다', '내가 / 그 사람이 육체적인 행복을 얻

---

24) 장지호. 2011. 「우울증에 대한 불교적 심리치료 방안 연구」. 석사학위논문. 동국대학교 불교대학원.
25) Salzberg, S. 2005. 앞의 책.
26) Salzberg, S. 2005. 앞의 책.

기를 기원합니다', '내가 / 그 사람이 마음 편하기를 기원합니다'.[27]

(1) 선정 자료

① 나를 위로하는 날 :『외딴 마을의 빈집이 되고 싶다』/ 이해인 시 / 열림원 / 2002년

이 시는 성인들을 위한 치료 장면에서 필자가 가장 많이 활용한 작품 중 하나이다. 워낙 좋은 작품에 유명한 시인이기 때문에 별도의 설명을 드릴 필요는 없겠다.

(2) 관련 활동

① 모방 시 쓰기

이 활동 역시 앞서 여러 차례 소개를 드린 적 있으니 이 장에서는 생략하고자 한다.

---

27) Salzberg, S. 2005. 앞의 책.

제10회 하고 싶은 일 찾기
〈생활 명세서 작성〉

    필자가 주변 사람들로부터 부러움을 받는 것이 있다. 그것은 외모도 학력도 아닌, 하고 싶은 일을 하고 있다는 것이다. 그러면서 여러 사람들도 만나고 돈도 벌고 있으니 그것만큼 부러운 일도 없다는 것이다. 나는 대학에 들어갈 때부터 하고 싶은 공부를 했고, 이후의 행보도 그랬으니 자의든 타의든 하고 싶지 않은 일을 하고 있는 사람들에게는(혹은 최선이 아닌 차선책을 선택한 사람들에게는) 좋아 보일 수 있겠다. 그래서인지 필자는 일을 하는 것이 즐겁기만 하다. 하루에 9시간 동안 강의를 하거나 집단 독서치료 프로그램을 4건 씩 진행을 해도, 밤늦게까지 일지를 작성해야 해도 힘들다는 생각을 하지 않는다. 내가 선택한 일이기 때문에 열심히 해야 한다는 생각만 할 뿐이며, 그 안에서 많은 보람도 느낀다.

    이처럼 사람은 자신이 하고 싶은 일을 할 때 힘이 난다. 일을 하면서 느끼는 보람은 계속 그 일을 할 수 있는 원동력이 되어준다. 따라서 자신이 하고 싶은 일이 무엇인지 찾고, 그 일을 하기 위해서는 어떤 준비와 노력이 필요한지 탐색한 뒤, 한 걸음씩 나아가는 것은 매우 중요하다.

    제10회는 관계를 넘어 자기 자신으로 돌아가기 위해 하고 싶은 일을 찾아볼 수 있도록 돕는데 목표를 두고 있다. 이번 세션을 운영하면서 가장 염두에 두어야 할 것은 참여자들이 중년 여성들이기 때문에 새로운 일을 모색하고 실행하는 데에 따른 두려움이 많기 때문에, 그 부분을 극복할 수 있도록 도와야 한다는 점이다. 따라서 구체적인 활동으로 상세한 생활 명세서를 작성해 볼 수 있게 하는데, 상세하면 할 수록 하고 싶은 일을 실천하는데 유리할 것이다.

(1) 선정 자료

① 나를 위해 :『가끔, 막차를 놓치고 싶다』/ 은순기 시 / 2010 글벗문학 제11집 / 2010년

중년기 여성들은 최근 나를 위해 한 일이 무엇일까? 시집의 제목처럼 가끔 막차를 놓치고서라도 해보고 싶은 일을 하라는 의지가 엿보이는 시이다. 그래서 제10회를 위해 선정했다. 시의 전문은 〈참여자 활동자료 10-1〉에 담겨 있다.

② 『여자에게 일이란 무엇인가』/ 레슬리 베네츠 지음, 고현숙 옮김 / 웅진윙스 / 2010년

이 책의 원제는 '여성의 실수'였다고 한다. 그렇다면 이 책에서 말하고자 하는 실수는 무엇일까? 그것은 바로 결혼과 출산으로 주부가 되어 일을 포기하고 남편에게 경제적으로 의존할 때 생길 수 있는 점이다. 우리나라에서도 많은 여성들이 결혼과 동시에 일을 포기하고 아내로서 엄마로서의 생을 살아간다. 물론 그 역시 충분히 가치 있는 일이겠으나, 항상 모든 일에는 양면성이 있다. 이 책에서는 바로 그 점을 체계적으로 정리해 보여줌으로써, 일을 관두려는 여성들에게 다시 생각할 기회를 제공한다.

참여자들에게 시간적 여유가 있다면 전체 내용을 읽어 보시라 권하고 싶지만, 그렇지 못한 분들을 위해 제10회에서 중점적으로 활용한 부분은 제1부의 5장 '15년 패러다임 그후, 아이는 생각보다 빨리 자라더군요'와 제2부의 '공백 있는 아줌마를 써줄 직장은 많지 않다, 능력이 되니까 두렵지 않았어요, 그런데…'이다.

(2) 관련 활동

① 나를 위해 하고 싶은 일 목록 만들기

이 활동은 '나의 꿈 목록'이라는 제목으로 여러 차례 실시가 되었던 것이다. 활동을 위해 참여자들에게는 특정 양식을 만들어 주어도 좋고, 아니면 자유롭게 적을 수 있는 용지만 제공을 해도 좋다. 중요한 것은 그들이 부담을 느끼지 않으면서 마음껏 표현할 수 있는 분위기이다.

〈참여자 활동자료 10-1〉

나를 위해

은순기

주방으로 난 창 깨끗이 닦아
먼 산 가까이 데려다 놓고
힘 있게 달력을 넘겨
시간은 어제처럼 흐르게 하고

한그루 나무같은 브로콜리
노른자위 선명한 계란을 살짝 익혀
식욕마저 잠재우고
손에 잡은 소설책 단숨에 읽어내려
발끝까지 뿌듯할 때
심호흡을 크게 한 번,

바람좋고 맑은 날엔
기쁘고 자유롭게 세상에 나를 풀어 놓아
아이처럼
행복하게 하고

『가끔, 막차를 놓치고 싶다 / 은순기 /
2010 글벗문학 제11집 / 2010년』

제11회 : 하고 싶은 일과 내 삶 조율하기
〈생활 명세서 작성〉

본 프로그램의 참여자들은 제1회부터 제10회까지의 세션에 참여하면서 자신을 위해 어떤 일을 해야 하는지 생각하고 정리하는 시간을 가졌다. 따라서 이제 실행만을 앞두고 있는데, 이번 세션에는 하고 싶은 일과 현재의 삶을 조율할 수 있도록 돕는데 목표가 있다. 왜냐하면 한 사람의 여성으로서의 삶도 중요하지만 그동안 해오던 주부로서의 역할도 중요하기 때문이다. 따라서 스스로 에너지 등을 고려하여 조율할 수 있도록 돕는 것이 이번 세션의 목표이다.

(1) 선정 자료

① 인생은 운명이라 하셨지만 : 『따뜻한 슬픔』 / 조병화 시 / 동문선 / 1999년

조병화 시인은 학창 시절 교과서를 통해 만나 본 분이기 때문에 대부분 알고 계실 것이다. 『따뜻한 슬픔』은 조병화 시인의 49번째 시집으로, 총 66편의 신작시가 담겨 있다. 그 작품들 중에서 제11회를 위해 선정한 시는 '인생은 운명이라 하셨지만'이며, 전문은 〈참여자 활동자료 11-1〉에 담겨 있다.

(2) 관련 활동

① 생활 명세서 작성

나를 가장 잘 알고 있는 것이 자신이듯, 내 생활 또한 가장 잘 알고 조율할 수 있는 사람은 자기이다. 이 활동은 하고 싶은 일과 현재의 삶을 조율하면서, 결국 현재의 삶에 안주하지 않고 앞으로 한 걸음씩이라도 나아갈 수 있도록 돕는데 목표가 있다. 보다 자세한 활동지 양식은 〈참여자 활동자료 11-2〉에 있다.

〈참여자 활동자료 11-1〉

인생은 운명이라 하셨지만
- 미지의 독자에게

조병화

인생은 운명이라 하셨지만

인생을 운명으로 그저 그대로 받아들여
그 운명대로 그저 인생을 살아가는 인생이 있고
운명을 만들어서
그 만든 운명을 스스로의 인생으로
그 인생을 살아가는 인생이 있습니다

다시 말하면
운명에 그저 순응하면서 인생을 그대로 그저
살아가는 인생이 있고
운명에 거역하면서 수시로 운명을 만들며
만든 그 운명을 인생으로 살아가는 인생이 있습니다

다시 말하면
운명에 인생을 그저 그대로 맡겨
그 운명대로 '이것이 내 인생이거니' 하면서 그저
살아가는 인생이 있고
운명을 꿈으로 더듬어 가면서

그 꿈으로 스스로의 운명을 만들며
그 만든 운명을 살아가는 인생이 있습니다

어차피 인생은 운명대로 살다가
운명대로 사라지는 것이지만

타고난 운명을 그대로 그저 사는 인생이 있고
스스로 만들어 가는 운명을 사는 인생이 있습니다

인생은 운명이라 하셨지만.

『따뜻한 슬픔 / 조병화 시 / 동문선』

〈참여자 활동자료 11-2〉

생활 명세서

주부들은 하고 싶은 일을 위해 지금까지 하던 일을 모두 접을 수 있는 입장이 아닙니다. 만약 그렇게 되면 불안감과 함께 미안함 때문에 밖에서의 일에서도 충분한 성과를 내기가 어려울 것입니다. 따라서 적정한 선에서의 조율이 필요한데, 그 작업 역시 스스로 해야 합니다. 다음의 양식에 맞추어 명세서를 작성해 보세요.

주부로서의 일	조율할 수 있는 정도	발생할 문제점	대안

제12회 : 나 세우기
〈소감문 쓰기, 종결〉

어느덧 프로그램 마지막 세션이다. 이번 세션은 그동안 참여했던 장면들을 돌아보고, 그때마다 느꼈던 점들을 나누는 시간이다.

(1) 선정 자료

① 나 자신 : 『영혼을 위한 닭고기 수프 1』 / 잭 캔필드·마크 빅터 한센 지음, 류시화 옮김 / 푸른숲 / 2008년

한 때 선풍적인 인기를 끌었던 책이기 때문에 좋은 내용의 글이 많다. 이 책은 미국의 저명한 카운셀러이자 세미나 강사인 잭 캔필드가 엮은 것으로, 역경을 딛고 일어선 사람들의 이야기, 생활 속에서 만나는 작은 감동들, 역사적으로 유명한 사람들의 에피소드, 인생의 의미와 철학이 담긴 우화 등이 담겨 있다. 많은 작품들 가운데 이번 세션을 위해 선정한 글은 '나 자신'이다. 선정 작품의 전문은 〈참여자 활동 자료 12-1〉에 옮겨 두었다.

(2) 관련 활동

① 소감문 쓰기

〈참여자 활동자료 12-1〉

나 자신

다음의 글은 웨스트민스터 대성당의 지하 묘지에 있는 한 영국 성공회 주교의 무덤 앞에 적혀 있는 글이다.

내가 젊고 자유로워서 상상력에 한계가 없을 때, 나는 세상을 변화시키겠다는 꿈을 가졌었다. 좀 더 나이가 들고 지혜를 얻었을 때 나는 세상이 변하지 않으리라는 걸 알았다. 그래서 내 시야를 약간 좁혀 내가 살고 있는 나라를 변화시키겠다고 결심했다.

그러나 그것 역시 불가능한 일이었다.

황혼의 나이가 되었을 때 나는 마지막 시도로, 나와 가장 가까운 내 가족을 변화시키겠다고 마음을 정했다. 그러나 아무도 달라지지 않았다.

이제 죽음을 맞이하기 위해 누운 자리에서 나는 문득 깨닫는다. 만일 내가 내 자신을 먼저 변화시켰더라면, 그것을 보고 내 가족이 변화되었을 것을.

또한 그것에 용기를 얻어 내 나라를 더 좋은 곳으로 바꿀 수 있었을 것을. 그리고 누가 아는가, 세상까지도 변화되었을지!

『영혼을 위한 닭고기 수프 1 / 잭 캔필드·마크 빅터 한센 지음, 류시화 옮김 / 푸른숲』

두 번째 만남

중년기 성인의 위기 극복을 위한 독서치료 프로그램

1. 프로그램의 필요성

인생은 나이와 함께 변한다. 작은 변화든 큰 변화든, 빠른 변화든 감지할 수 없을 만큼의 느리고 약한 변화든, 우리의 인생은 여러 가지 변화를 수반하면서 항상 변한다. 이러한 변화와 함께 사는 것을 배우는 것은 중년기를 보람 있게 사는데 있어서 매우 중요하다.[1]

중년기에 들어서면 개인의 심리적·생리적 기능에 변화가 생기게 되는데, 이 변화를 통해 중년기 사람들은 생활양식과 사회역할의 재조정이 필요하다고 느끼게 된다. 지나간 삶의 모습을 회고해보면서 기존의 생각 자체가 변화되기도 하며, 생물학적으로 노화가 시작되어 삶의 방식에 많은 영향을 받게 된다.[2]

중년기에 대한 개념을 최초로 발달시킨 C. G. Jung은 40세를 전후로 하여, 행동과 의식의 탈바꿈이 발생하는 결정적 전환기로 보았으며, 이 시기에 인생의 전반부까지 무시되어 잠재되어 있던 보다 본능적이고 적나라한 자아가 출현하면서 개별화 과정이 두드러지게 나타나고, 성장을 위한 새로운 조건을 제시한다고 하였다. C. G. Jung은 이 시기에 자기 인식에 의한 개별화가 이루어져야 하며, 이 개별화는 진정한 자아를 실현하는 것으로서 어느 누구도 아닌 자기 자신이 되는 것을 의미하며, 내면의 무의식을 의식화하는 것이라고 하였다.[3]

Gould는 중년기를 어린 시절부터 갖고 있던 가정들(예 : 안전, 영원

---

1) Richard, P. Olson. 1980. Mid-Life : *A Time to Discover, A time to decide*. Valley Forge PA: Judson Press. p. 34.
2) 박준희. 2004. 「기혼 남녀의 성격특성, 가족관계 스트레스, 여가활동이 중년기 위기감에 미치는 영향」. 석사학위논문. 성신여자대학교 대학원.
3) 이부영. 1998. 『분석심리학 C. G. Jung의 인간심성론』. 서울: 일조각.

불멸, 독립불능에 대한 가정)이 가장 강렬하게 도전을 받는 '변형의 시기'라고 하였다. 그리하여 40-45세경에 생애 전반에 대한 의문과 자신과 타인에 대한 재조명, 그리고 삶에 대한 재평가 과정을 경험한다고 하였다. 이러한 과정은 냉정하고 지적이라기보다는 갈등과 혼란, 절망, 침체감, 무기력감, 방황 등의 정서적 고통을 수반하고 있다고 하였다.[4]

이러한 위기감의 핵심에는 실존에 대한 의문과 공허감, 죽음의 필연성에 대한 인식과 젊음이 사라져 감을 애도하는 심정과 '나는 누구인가?', '나는 무엇을 위해 살아왔는가?' 하는 실존에 대한 의문이 자리 잡고 있다고 하였다. 그러나 이러한 혼돈과 갈등은 결코 병리적인 현상이 아니며, 그동안 자신이 깨닫지 못했던 자아의 측면들을 인식하고 '자신(self)'을 더욱 전체로 통합시켜 나가는 유익한 과정으로 보았다. Levinson(1978)은 이러한 중년기의 위기에 대한 보편성과 유용성을 C. G. Jung과 마찬가지로 '개별화 과정(individuation)'이라는 용어를 사용하였다.[5] 이 위기들은 많은 경우 나이에 의해서가 아니라 직면하는 수많은 전환 변화들에 의해서 이루어진다. 이와 같은 의미의 위기는 어떤 나이에서도 발생할 수 있다. 그러나 40대 동안에 가장 보편적으로 발생한다.[6]

지금까지 살펴본 바에 따르면, 중년기는 인간 발달 과정 중에 전환기 시기임을 알 수 있다. 여기에 심리적인 혼란과 고통이 어느 발달적 전환기보다 더 심각하다는 뜻에서 전환기 이상을 내포하고 있는 '위기'

---

4) 김명자. 1998. 재인용. 『중년기 발달』. 서울: 수문사.
5) 인원교. 2012. 재인용. 「중년기 성인의 중년기 위기감이 성공적 노화에 미치는 영향」. 박사학위논문. 서남대학교 대학원.
6) Matthew Linn, S. J. & Sheila Fabricant Dennis Linn, S. J. 1988. *Healing the Eight Stages of Life*. New York: Paulist Press. p. 185.

라는 표현을 쓰는 연구들이 많음을 알 수 있다.[7]

이러한 중년기 위기의 개념을 구체적으로 살펴보면, 중년기 위기는 어느 한 차원뿐 아니라 다차원적인 의미를 가지고 있다. 대부분 중년 연구들은 중년기 위기를 개념화 할 때, 심리적인 차원의 위기뿐만 아니라, 행동 및 사회적 차원의 위기도 존재할 수 있다는 것이다.[8]

위기의 차원을 분류하기 위해 중년기 위기 관련 학자들의 주장을 종합하여 보면, 중년기 위기는 심리적 차원과 행동 및 사회적 차원으로 분류될 수 있다. 심리적 차원에서 위기는 심리적 혼돈과 갈등, 방황, 침체 혹은 자기몰두, 의문, 절망, 무기력, 정체감의 상실 등을 들 수 있고, 행동 및 사회적 차원에서 위기는 직업, 가족 관계 불만족, 과잉행동이 포함된다. 이와 같은 위기 차원 분류에서 중년 위기는 주로 심리적 차원을 중심으로 다루어지고 있다. 그 이유는 심리적 차원이 다른 차원에 비해 보다 근원적 성격을 갖기 때문이다. 심리적 위기가 갖는 근원적 성격은 행동 및 사회적 역할 변화에 선행한다는 Cytrybaum et al.(1980)의 단계적 위기론에서도 근거를 찾을 수 있다.[9]

중년기 위기라는 용어를 최초로 사용한 엘리어트 제퀴어스(Elliott Jaques)는 인생의 유한성에 대한 인식이 중년기 위기의 주된 주제라고 보고, 심리적인 변화에 대한 미묘한 상황을 언급하고 있다.[10] 중년기 위기의 심리적 위기의 요소들을 살펴보면 다음과 같다.

첫째, 목표상실위기를 들 수 있다. 중년기의 주요 과업 중 하나는 지금까지 살아온 삶의 전반을 되돌아보면서 자신의 인생을 반성·재

---

7) 인원교. 2012. 앞의 논문.
8) 고기숙. 2003. 「중년기 남성의 심리적 위기에 관한 연구」. 박사학위논문. 성균관대학교 대학원.
9) 고기숙. 2003. 앞의 논문.
10) 임경수. 2002. 『중년 리모델링』. 서울: 도서출판 컵. p. 20.

평가하고 삶의 전반적인 균형을 찾고, 새로운 삶의 목표, 계획 등을 수립하는 것이다.[11] 이러한 과정에서 특히 중년기 남성은 젊은 시절에 설정하였던 목표가 자신에게 적합한 목표가 아니었음을 인식하기도 하고, 이전까지 가치 있고 의미 있게 보던 목표가 더 이상 가치와 의미가 없음을 느끼기도 하면서, 우울, 침체에 빠지는 경우가 있다.[12] 또한 중년 남성은 과거에 세운 목표가 남은 인생 기간 내에 이룰 수 있는 것인지를 생각하면서 압박감과 불안감을 갖기도 한다.[13] 이와 같이 40대 이전에 추구했던 물질적 만족, 사회적 성공 등과 같은 목표들이 과연 의미가 있는 것인가 하는 의문을 제기하면서 심리적 위기를 경험하는 경우가 많다.

둘째, 자아존중감의 위기를 들 수 있다. 자아존중감은 현재 자신에 대한 평가, 그리고 자신에 대한 타인들의 평가에 대한 지각에서 경험하는 정서적 표현이다. 자아존중감은 유아기와 청소년기에 변화하고 발달되는 것으로 여겨지지만, 성인기에도 변화하거나 발달될 수 있다. 그리고 한 연구에 따르면, 자아존중감의 안정성은 아동기 동안 낮고 청소년기와 초기 성인기 동안 내내 증가하다가, 중년기와 노년기에 감소하는 경향이 있다.[14] 즉, 자아존중감은 생애 전반에서 변화되는데, 특히 중년기에 자아존중감이 불안정해지는 경향이 있다는 것을 의미한다.

---

[11] 이혁구. 1999. 「중년의 위기와 반응유형에 관한 연구」. 『한국사회복지학회 학술대회자료집』, 1999(1), 253-265.

[12] Peplau. 1975. Humle. 1980.

[13] 송정아. 1996. 「사회 심리적 변인에 의한 중년기 부부의 위기감 연구」. 『대한가정학회지』, 34(1).

[14] Trzesniewski, K. H., Donellan, M. B. & Robbins, R. W. 2003. Stability of self-Esteem Across the Life span, *Journal of pernalaty & Social Psychology*, Jam, 84. Issue 1.

셋째, 과거수용의 위기가 있다. 과거수용이란 개인이 지금까지 살아온 과거의 경험을 회고하고 재평가하여 자신의 현재 및 미래의 삶의 구조 속에 과거의 경험들을 통합해 나가는 것이다. 이러한 과거수용이 잘 이루어진 사람은 자신의 과거에 대하여 만족을 느끼고,[15] 심리적 안녕을 유지할 수 있다.[16] 그런데 중년기의 많은 사람들이 살아온 삶 자체에 회의를 하며, 어떤 경우에는 '지금까지 내 인생은 실패하였다'라며 체념과 실패감에 빠지기도 하고, 어떤 경우에는 지나온 세월동안 취한 행동들에 대한 후회와 회의로 고통스러운 나날들을 보내기도 한다.[17] 이러한 과거수용위기는 과거의 경험들에 대하여 불만족하고, 과거의 미해결된 갈등들로 인해 고통을 경험하는 것을 의미한다. 그래서 이러한 과거수용 위기는 심리적 위기의 요소가 된다.

넷째, 개성화 과정의 위기가 있다. C. G. Jung은 중년기부터 인생주기의 마지막 후반부까지 진행되는 발달과정을 설명하기 위해 '개성화'라는 용어를 사용하였다. 성격은 안정된 통일체의 방향으로 발달하는 경향을 가지는데, 이러한 전체성을 표명해 나가는 것이 개성화의 실현이다. 개성화의 실현에 도달하기 위해서 성격의 여러 체계가 완전히 분화되고 충분히 발달하는 과정을 거쳐야 하는데, 이러한 과정에서 많은 심리적 갈등과 고통을 수반할 수 있다.[18]

---

15) Fisher, J. 1994. *Measure for Clinical Practice*-A SOURCEBOOK-, The Fress Press.
16) Canda, E. R. & Furman, L. D. 1999. *Spiritual Diversity in Social Work practice*. The Fress Press.
17) 김귀분·이은자·유재희. 2002. 「중년여성의 위기 경험」. 『대한간호학회지』, 32(3).
18) 이부영. 1998. 앞의 책.

2. 프로그램의 구성

본 프로그램은 흔히 중년이라 불리는 성인기 중기를 지나고 있는 성인들을 대상으로 한다. 성별에 제한은 없으며, 참여 인원은 10명 내외, 한 세션 당 운영 시간은 2시간이다. 사전 인터뷰를 통해 자발적 동기가 얼마나 있는지, 독서에 대한 흥미가 있는지, 지원자가 운영 목적에 적합한 사람인지 등을 파악하여 선발을 하고, 이어서 선발된 참여자들과 총 12회에 걸쳐 프로그램을 운영한다. 프로그램에 참여한 성인들은(특히 직장생활을 하고 계신 분들은) 두꺼운 분량의 책을 읽고 올 수 있을 정도의 시간적 여유가 없을 것이다. 그러므로 분량이 짧은 자료를 선정해 부담을 줄이고자 했다. 이하 다른 구성은 기존의 독서치료 프로그램과 비슷하다. 프로그램의 세부 계획은 〈표 2-1〉에 제시했다.

〈표 2-1〉 중년기 성인의 위기 극복을 위한 독서치료 프로그램

세션	세부목표	선정 자료	관련 활동
1	오리엔테이션 및 라포 형성	시 : 마흔 다섯	프로그램 소개, 집단 서약서 작성, 치료사 및 참여자 소개
2	과거 속의 나 인식하기	시 : 그날엔 노래 : 중년	10년 단위로 정리한 과거 속의 나
3	신체적 변화 인식하기	사진 : 자신의 세대별 사진 사진 : 인생을 담은 사진	내 사진을 통해 확인한 신체 변화
4	정서적 변화 인식하기	시 : 마음을 버리지 않으면 노래 : 낭만에 대하여	잃어버린 것에 대하여 낭만에 대하여
5	인지적 변화 인식하기	시 : 지평선	조하리의 창에 표현한 생각의 패러다임
6	삶의 목표 점검 및 수정하기	동시 : 손금을 보면서	손바닥에 표현한 내 삶
7	비우고 채우기	도서 : 비움, 아름다운 채움	모래시계
8	자아 존중감 끌어올리기	도서 : 다시 태어나는 중년	강연 100℃
9	관계 다지기 1 - 가족	도서 : 고령화 가족 영화 : 고령화 가족	가족에게 쓰는 편지
10	관계 다지기 2 - 사회	시 : 사람들 사이에 꽃이 필 때	꽃밭으로 표현한 사회관계
11	노년기를 위한 준비	시 : 김씨의 하루	내 노년기의 모습 모방 시로 쓰기 - O씨의 하루
12	중년기 위기 극복하기	노래 : 사랑 찾아 인생 찾아	소감문 쓰기, 종결

3. 프로그램의 실제

중년기 성인의 위기 극복을 위한 독서치료 프로그램

제1회 오리엔테이션 및 라포 형성
〈프로그램 및 치료사 소개, 집단 서약서 작성,
참여자 소개, 나에게 중년기란?〉

사람은 태어나 자라고 죽는 그 순간까지도 발달을 한다. 그런데 이 과정을 보면 매 순간이 위기일 수밖에 없다. 하지만 영유아기, 아동기 및 청소년기, 노년기에는 '위기'라는 말을 함께 사용하는 경우가 드문데, 중년기에는 '위기'라는 말이 늘 따라다닌다. 왜 그럴까? 아마 이에 대한 답변을 정확히 해줄 수 있는 사람은 없을 것이다. 따라서 짐작을 해보면 다음과 같이 정리할 수 있겠다.

첫째, 건강상의 문제가 발생하기 때문이다. 사람에게는 살아가는 동안 언제라도 병이 나거나 다쳐서 건강상의 문제가 발생할 수 있지만, 중년기는 생리학적으로 몸의 기능이 많이 떨어져 있기 때문에 크고 작은 질병들이 발생할 가능성이 높다. 이를 우리나라에서는 '성인병'이라는 말로 불렀으나 최근에는 '생활습관 병(Life Style Disease)'라고 부르면서 건강 유지를 위해 적정 습관을 갖는 것이 필요하다는 강조를 하고 있다.

둘째, 부부 사이에 권태기가 올 수 있다. 권태기는 감정적인 측면으로 서로 너무 익숙해져버린 나머지 상대에게 매력을 느끼는 대신 싫증이 나는 시기를 말한다. 나이가 들면 몸의 기능과 호르몬 분비에도 변화가 생겨, 여성은 폐경에 이르고 남성 역시 호르몬 분비가 적어진다. 따라서 부정적인 감정 변화도 함께 따라오는 것이다.

셋째, 과잉습관화와 빈 둥지 증후군이 찾아올 수 있다. 과잉습관화는 일상의 반복적인 자극에 대해 주의가 감소하는 것에서 유연성과 적응력도 함께 떨어지기 때문에 발생하는 문제이고, 빈 둥지 증후군은 자녀가 독립을 함으로써 부부만 남게 되는 상황에 겪는 공허함을 의미한다.

넷째, 45세가 정년이라는 '사오정', 56세까지 직장에 있으면 도둑이라는 '오륙도' 등의 말이 공공연하게 나도는 것을 보면, 이미 중년기에 접어든 사람들에게는 직장 생활을 보전하는 것 자체도 위기라고 할 수 있다. 사실 한 직장에서 오랜 기간 동안 일을 했다면 전문성이 누적되어 있을 것이기 때문에 회사에서는 가장 필요한 사람들일 수 있을 텐데, 20대 태반이 취업을 하지 못한 채 백수로 지내고 있고, 그들에 비해 2배 이상의 월급을 받아야 하는 경력이 회사에서는 부담이라고 한다. 따라서 연로하신 부모를 봉양하고 청소년 시기를 보내느라 학원비 등을 감당하느라 가장 지출이 많은 시기에 다니던 직장을 그만두어야 하는 위기가 찾아온다.

나열한 네 가지 측면 이외에도 처한 상황에 따라 사람에 따라 위기는 더욱 다양할 수 있다. 따라서 자신의 상황 및 상태를 제대로 인식하고 적절한 대비를 함으로써, 중년기를 위기 속에 보내기보다는 건강한 노년기 준비를 위한 시기로 보낼 필요가 있다. 이는 본 프로그램의 목표이기 때문에 성실하게 참여를 하시는 것만으로도 어느 부분은 충족시킬 수 있을 것이다.

(1) 선정 자료

① 마흔 다섯 : 『가끔, 막차를 놓치고 싶다』 / 은순기 시 / 2010 글벗문학 제11집
글벗문학회는 1998년 시와 수필을 좋아하는 강원도 영월 지역 주부들이 모여 발족한 단체로, 창작집 발간, 시 낭송회, 길거리 시화전 등

의 문학 활동을 통해 문학적 교감을 만들어 가는 단체이다. 첫 번째 세션을 위한 선정한 은순기 시인의 시는 '글벗문학 제11집'에 실려 있는 작품으로 '마흔 다섯'이라는 나이에 대한 성찰을 담고 있다. 시의 전문은 〈참여자 활동자료 1-1〉에 제시했다.

(2) 관련 활동

① 프로그램 및 치료사 소개

② 집단 서약서 작성

③ 참여자 소개

④ 나에게 중년기란?

이 활동은 참여자 자신이 현재 지나고 있는 중년기라는 시점을 어떻게 인식하고 있는가 점검하기 위한 것이다. 나 자신이 생각하고 있는 중년기의 정의, 중년기 하면 가장 먼저 떠오르는 생각, 중년기를 지나면서 갖고 있는 마음 등을 글이나 그림, 혹은 다른 어떤 것으로든 자유롭게 표현해 볼 수 있도록 돕고, 나아가 그 내용을 표현할 수 있도록 해주면 된다. 참여자들에게 배부할 활동지는 〈참여자 활동자료 1-2〉에 제시했다.

〈참여자 활동자료 1-1〉

마흔 다섯

은순기

스물여섯 평 아파트엔 방이 세 개
방 하나에 사람 하나씩

그들 방에선 그들이 제왕
잔소리 들어 갈 틈도
도움의 손길도 필요 없어

거실을 배회하다
한 귀퉁이 차지하고 지그시 선을 긋는다
여기는 내 땅

마흔 다섯이 저물어 간다

『가끔, 막차를 놓치고 싶다 / 은순기 / 2010
글벗문학 제11집 / 2010년』

〈참여자 활동자료 1-2〉

나에게 중년기란?

여러분에게 중년기란 어떤가요? 내가 생각하는 정의, 중년기 하면 가장 먼저 떠오르는 생각, 중년기를 지나면서 갖고 있는 마음 등을 글이나 그림, 혹은 다른 어떤 것으로든 자유롭게 표현해 보세요.

제2회 과거 속의 나 인식하기
〈10년 단위로 정리한 과거 속의 나〉

    과거가 없는 현재는 있을 수 없다. 따라서 과거가 없이 현재를 맞이하는 사람 또한 있을 수 없다. 물론 과거는 이미 지나버린 시간이다. 따라서 되돌릴 수 없지만, 여전히 현재에 부정적인 영향을 미치고 있다면 되돌아보며 현재와 미래를 바꾸기 위한 노력을 해야 한다. 다음은 과거와 현재, 미래에 관한 명언을 모은 것이다.

- 가장 뛰어난 예언자는 과거이다. - 바이런
- 과거를 되돌아 볼 수 없는 사람은 과거를 되풀이하는 운명을 가지고 있다. - 산타야나
- 과거를 잊는 자는 결국 과거 속에 살게 된다. - 괴테
- 과거의 일을 과거로 일로서 처리해 버리면, 우리는 미래까지도 포기해 버리는 것이 된다. - 처칠
- 나는 과거를 연구하며 미래를 산다. - 터너
- 내일이란 오늘의 다른 이름일 뿐이다. - 포그너
- 맑은 거울은 형상을 살피게 하고, 지나간 옛일은 이제 되어질 일을 알게 한다. - 공자
- 무엇인가를 의논할 때는 과거를, 무엇인가를 누릴 때에는 현재를, 무엇인가를 할 때에는 미래를 생각하라. - 쥬벨
- 미래는 늘 현재 사고의 결과이다. 과거도 미래도 현재의 사고에 달려 있다. 지금 이 순간 당신을 변화시켜야 한다. 미래는 운명의 손이 아니라 우리의 손에 달려 있다는 것을 명심하고 그것이 진리임을 확인하라. - 쥐스낭
- 우리는 흔히 내일 내일 하고들 있지만, 이 내일이라는 것은 영원히 이어지는 것이므로 오늘 하지 않으면 아무 것도 못하게

되는 것이다. - 카네기
- ▶ 현재는 모든 과거의 필연적인 산물이며, 모든 미래의 필연적인 원인이다. 현재에 열중하라. 오직 현재 속에서만 인간은 영원을 알 수 있다. - 괴테
- ▶ 젊을 때에 배움을 소홀히 하는 자는 과거를 상실하고 미래도 없다. - 에우리피데스
- ▶ 현재 시간을 잃어버리면 모든 시간을 잃어버린다. - 베넘

(1) 선정 자료

① 그날엔 : 『신춘문예 1995 당선작품집』 / 강만진 외 당선 작가 지음 / 도서출판 예하

선정 자료 '그날엔'은 199년 신춘문예에 당선이 된 작품들을 모아 놓은 책에 실려 있는 시이다. 이 시는 이미 많은 팬을 확보하고 있는 이병률 작가의 작품이며, 유언과도 같았던 어머니의 말씀이 미리 정해놓은 내 삶과 같다는 한 남자의 자조 섞인 이야기이다. 시의 전문은 〈참여자 활동자료 2-1〉에 제시했다.

② 중년 : 『11집 울지마오』 / 정현우 작사·작곡, 박상민 노래 / 소니뮤직 엔터테인먼트

대중적으로 많은 인기를 얻었던 가수 박상민 씨의 노래로, '우리가 살았던 시간은 되돌릴 수 없듯이 세월은 그렇게 내 나이를 더해만 가네 / 나도 중년이 되고 보니 세월의 무심함에 갑자기 웃음이 나오더라' 등의 구절이 마음에 와 닿는다. 더불어 지난 시간을 되돌릴 수 없지만 추억 속에 간직되어 있는 꿈도 많았던 지난 날 그 시절로 우리를 인도해 줄 것 같아서 선정한 노래이다. 노래 가사는 〈참여자 활동자료 2-2〉에 제시했다.

(2) 관련 활동

① 10년 단위로 정리한 과거 속의 나

　독서치료사(독서심리상담사)들은 '인생 선'(Life Line, 혹은 인생 그래프, 혹은 아리랑 곡선 등) 활동을 잘 알 것이다. '10년 단위로 정리한 과거 속의 나' 활동은 인생선을 시기별로 나누어 정리를 해볼 수 있도록 한 활동이다. 〈참여자 활동자료 2-3〉에 제시한 활동지의 내용에 따라 기억하고 있는 중요했던 일을 10년 단위로 정리해 보도록 유도하고, 완성이 되면 함께 이야기를 나누며 참여자들이 과거 속의 나를 인식할 수 있도록 도우면 된다.

〈참여자 활동자료 2-1〉

그날엔

이병률

갖고 싶은 것 다 가지고 사는 사람 있는가 내 어머니의 연탄구멍 같은 교훈이 석유난로 위에서 김을 낸다 오랜만에 숭늉이 끓는다 어머니의 어머니는 딸을 두고 일찍 재가하셨고 세상에서 유명한 구멍 속으로 발을 들여놓으셨다 구멍만을 디디고 이 길까지 오신 어머니는 온통 세상이 혼자뿐인 것 같아 자식 스물을 꿈꾸셨지만 결국은 구멍에다 나를 빠뜨리셨다 한 길 가는 생명이 바람이 내어준 길을 따라 코를 열고 바빠할 때 난 듣는다 또 숭늉 끓이는 소리와 탄식은 탄식을 낳는다는 소리를

 어머니는 살아 계시지만 그 말을 어머니의 살아 계시는 유언이라 믿는다 세상의 문이 고쳐져 더 많은 사람들이 들어오기까지 갖고 싶은 것 다 갖고 살지 못한다 나는 영영 태어나지 않을 부자가 되어 무섭게 떠돈다 땅이 사람 가슴 안에서 얼마나 여러 번 쪼개어지는가를 본다 어머니가 내 자식을 연인처럼 사랑하다 들킨 듯 웃으시는 걸 본다 그 날엔

『1995년 한국일보 신춘문예 당선작품집 /
강만진 외 당선 작가들 / 도서출판 예하 / 1995년』

〈참여자 활동자료 2-2〉

중 년

정현우 작사·작곡, 박상민 노래

어떤 이름은 세상을 빛나게 하고
또 어떤 이름은 세상을 슬프게도 하네
우리가 살았던 시간은 되돌릴 수 없듯이
세월은 그렇게 내 나이를 더해만 가네

한 때 밤잠을 설치며 한 사람을 사랑도 하고
삼백 예순하고도 다섯 밤을 그 사람만 생각했지
한데 오늘에서야 이런 나도 중년이 되고 보니
세월의 무심함에 갑자기 웃음이 나오더라

훠이 훨훨훨 날아가자 날아가 보자
누구라는 책임으로 살기에는 내 자신이 너무나도 안타까워
훠이 훨훨훨 떠나보자 떠나가 보자
우리 젊은 날의 꿈들이 있는 그 시절 그곳으로

한때 밤잠을 설치며 한 사람을 사랑도 하고
삼백 예순하고도 다섯 밤을 그 사람만 생각했지
한데 오늘에서야 이런 나도 중년이 되고 보니
세월의 무심함에 갑자기 웃음이 나오더라

훠이 훨훨훨 날아가자 날아가 보자
누구라는 책임으로 살기에는 내 자신이 너무나도 안타까워

훠이 훨훨훨 떠나보자 떠나가 보자
우리 젊은 날의 꿈들이 있는 그 시절 그곳으로
훠이 훨훨훨 날아가자 날아가보자
누구라는 책임으로 살기에는 내 자신이 너무나도 안타까워
훠이 훨훨훨 떠나보자 떠나가보자
우리 젊은 날의 꿈들이 있는 그 시절 그곳으로

꿈도 많았던 지난 날 그 시절로

『11집 울지마요 / 소니뮤직 엔터테인먼트 / 2006년』

〈참여자 활동자료 2-3〉

10년 단위로 정리한 과거 속의 나

여러분은 과거에 대해 어떤 기억을 갖고 있나요? 아래 표에 기억하고 있는 중요했던 일을 10년 단위로 정리해 보세요.

시점	기억나는 일
영유아기	
10대	
20대	
30대	
40대 이상	

제3회 신체적 변화 인식하기
〈내 사진을 통해 확인한 신체 변화〉

앞의 사진은 2011년 7월 13일 미국 워싱턴포스트지에 실렸던 것으로, '크리스 브레이'란 남성이 1981년과 2011년 스페이스 셔틀 발사 당시 찍은 아버지와의 사진을 자신의 포토 블로그에 올린 것이라고 한다. 사진의 주인공 크리스에 따르면 첫 번째 사진은 1981년 4월 12일 케네디 우주센터에서 있었던 콜롬비아호 발사 당시 촬영됐다. 당시 크리스는 13살, 그의 아버지는 39살이었다. 두 번째 사진은 그로부터 30년이 지난 2011년 7월 8일 아틀란티스호의 마지막 발사 당시 찍혔다. 어린 아들은 중년이 됐고 그의 아버지는 백발이 됐다. 이 사진들은 게재된 직후 입소문을 타고 50만 건을 넘는 조회 수를 기록했다. 네티즌들은 "아버지와 무엇인가를 처음부터 끝까지 함께한다는 것은 참으로 멋진 일"이라며 부러움을 전했다고 한다.

'남은 것은 사진밖에 없다'는 말이 있다. '아버지와 나'라는 제목으로 알려진 저 사진도 결국 남겨졌기 때문에 과거와 현재의 기억을 이을 수 있는 매개가 된 것이다. 사진을 통해 우리는 과거의 기억을 현재로 불러올 수 있지만, 동시에 지금과는 달리 훨씬 젊었던 날의 나를 확인할 수도 있다.

이번 세션의 목표는 신체적 변화를 인식할 수 있도록 돕는 것이다. 중년기의 신체적 변화는 청소년기나 성인기 초기와는 또 달라서 신체적 건강은 물론이고 심리적 건강에도 큰 영향을 미칠 수 있는 요인이다. 따라서 주의 깊게 살펴보면서 계속 건강하게 지낼 수 있도록 관리를 위한 계획을 수립할 수 있도록 독려할 필요도 있다.

(1) 선정 자료

① 세대별 사진 / 예시 작품

세대별 사진은 본 프로그램에 참여하신 분들의 사진을 바탕으로 구성해서 함께 보며 이야기를 나누어도 되고, 만약 준비해 오신 사진이 적어 그럴 수 없으면 치료사가 미리 준비한 것으로 대체를 해도 된다. 갓난아기 때부터 백일, 돌, 유치원, 초등학생, 중학생, 고등학생, 대학생, 결혼 및 사회인을 거쳐 현재에 이르기까지의 과정을 두루 살필 수 있도록 여러 장면을 준비하면 된다.

② 인생을 담은 사진 / http://tpfkvn.tistory.com/19

'인생을 담은 사진'이라는 제목의 사진과 글이 인터넷 상에서 화제가 된 적이 있다. 비록 그 출처는 명확하지 않고, 개인 블로그나 카페는 폐쇄가 된 경우도 많지만 여전히 포털 사이트에서 검색을 하면 어렵지 않게 몇 장쯤은 발견할 수 있는 사진이다.

사진 속에는 노년의 남성이 등장을 한다. 그는 손에 액자를 든 채 사진을 찍고 있는데, 그가 들고 있는 액자 속 사진의 주인공은 자신의 어렸을 적 모습이다. 따라서 한 장의 사진 속에 또 다른 자신이 세 명 더 포함되어 있는 사진이 완성된 것이다. 이 사진을 통해 우리는 그의 어릴 적 모습과 청소년기, 그리고 성인기, 이어서 노년기가 된 현재의 모습까지 확인할 수가 있다. 사진은 〈참여자 활동자료 3-2〉에서 확인할 수 있다.

(2) 관련 활동

① 내 사진을 통해 확인한 신체 변화

참여자들이 준비한 사진을 보며 그동안 신체가 어떻게 변화 왔는지, 그 변화를 체감하고 있는지를 나누는 활동이다. 이미 선정된 자료들을 통해서도 느낄 수 있지만, 자신의 사진을 통해 직접 느끼는 것이 가장 좋을 것이라고 생각된다.

〈참여자 활동자료 3-1〉

세대별 사진

다음은 세대별 사진의 예시 작품이다.

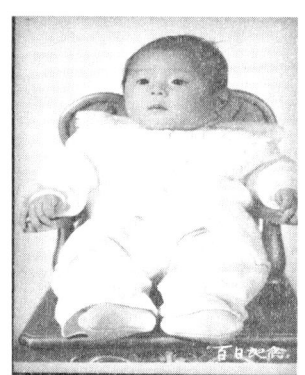

〈참여자 활동자료 3-2〉

인생을 담은 사진

다음의 사진은 '인생을 담은 사진'이라는 제목으로 인터넷에서 발견한 것으로, 정확한 출처는 확인하지 못했다.

제4회 정서적 변화 인식하기
〈잃어버린 것에 대하여 낭만에 대하여〉

스위스의 정신의학자로 분석심리학이라는 분야를 개척한 카를 구스타프 융(Carl Gustav Jung)은 인간의 생을 35세를 전후해서 전반기와 후반기로 구분한다. 여기서 그가 말하는 중년기는 35세경부터 45세까지의 10년을 의미하는데, 이때는 '제 2의 사춘기'라고 비유할 만큼 정서적, 정신적인 변화가 발생한다고 봤다.

그렇다면 청소년기의 사춘기 때 느끼는 정서적 변화와 중년기 때의 변화는 어떤 차이가 있을까? 사춘기 때에는 자아에 대한 인식과 자신의 독립성에 대한 자각이 거의 자동적이라고 할 수 있다. 따라서 절대적 존재였던 부모와도 갈등이 생기고 주변의 중요한 어른들의 말씀도 수용하지 않으려고 한다. 하지만 중년기에는 이런 갈등이 자신의 내부에서부터 비롯된다. 즉 외적 인격과 내적 인격 간의 괴리로 인해 갈등이 발생하기 때문에, 둘을 통합하여 자기를 실현시키고자 노력한다. 하지만 이 과정은 많은 고통이 수반된다.

이를 동양의 사상과 연결시켜 보면 공자께서 말씀하신 '불혹(不惑)'과 '지천명(知天命)'으로 설명할 수 있다. 즉 미혹함이 없는 40세를 지나야 비로소 하늘의 뜻을 이해하는 50세를 지나 자기를 실현할 수 있다는 것이다.

결국 한 사람이 자기를 실현한다는 것은 많은 과정 속에 통찰을 하고 그것을 실천했을 때 가능하다. 본 세션은 참여자들께서 정서적 변화를 인식하는데 초점을 두고 있다.

(1) 선정 자료

① 마음을 버리지 않으면 : 『고통의 축제』 / 정현종 시 / 민음사

마음을 비운다는 것은 쉬운 일이 아니다. 고통스러운 일이다. 그런데 마음을 비우고 나니 한결 가벼워지면서 축제를 즐기고 있는 듯한 기분을 느낄 수 있다. 마음을 어떻게 먹는가에 따라 고통과 축제의 순간이 엇갈린다. 정현종 시인의 '마음을 버리지 않으면'이라는 시의 전문은 〈참여자 활동자료 4-1〉에 제시했다.

② 낭만에 대하여 : 『16집 열여섯 번째 이야기』 / 최백호 작사·작곡·노래 / 대영 AV

1970년대 후반 스물일곱의 나이로 가요계에 데뷔해 2016년 현재까지도 가수로 활동을 하고 계신 최백호 씨가 직접 만들어 부른 노래이다. 탱고풍의 곡조에 인생의 회환을 담고 있는 가사는 많은 이들의 정서를 건드리는 힘을 갖고 있는데, 원곡자인 최백호 씨는 KBS-2TV '불후의 명곡'이라는 프로그램에 출연했을 때 이 곡을 두고 "하늘이 내려준 선물 같은 곡이다. 이 노래 때문에 지금 내가 이 자리에 있다."는 말을 하기도 했다. 노래 가사는 〈참여자 활동자료 4-2〉에 제시했다.

(2) 관련 활동

① 잃어버린 것에 대하여 낭만에 대하여

어느 세대 건 잃어버리는 것과 얻는 것이 있다. 중년기 역시 마찬가지이다. 그렇다면 중년기에 접어들어 참여자들이 잃어버린 감정에는 어떤 것이 있고, 낭만처럼 느끼는(이전과 달라진 마음) 것에는 어떤 것들이 있을까? 이 활동은 중년기 감정의 변화를 탐색하는데 목적이 있다. 구체적인 활동지는 〈참여자 활동자료 4-3〉에 담겨 있다.

〈참여자 활동자료 4-1〉

마음을 버리지 않으면

정현종

주고받음이 한 줄기
바람 같아라
마음을 버리지 않으면
차지 않는 이 마음.

내 마음의 공터에 오셔서
경주를 하시든지
잘 노시든지
잠을 자시든지……

굿나잇.

『고통의 축제 / 정현종 시 / 민음사 / 2002년』

〈참여자 활동자료 4-2〉

낭만에 대하여

최백호 작사·작곡·노래

굳은비 내리는 날 그야말로 옛날식 다방에 앉아
도라지 위스키 한잔에다 짙은 색소폰 소릴 들어보렴

새빨간 립스틱에 나름대로 멋을 부린 마담에게
실없이 던지는 농담사이로 짙은 색소폰 소릴 들어보렴

이제와 새삼 이 나이에 실연의 달콤함이야 있겠냐마는
왠지 한곳이 비어있는 내 가슴이 잃어버린 것에 대하여

밤늦은 항구에서 그야말로 연락선 선 창가에서
돌아올 사람은 없을지라도 슬픈 뱃고동 소리를 들어보렴
첫사랑 그 소녀는 어디에서 나처럼 늙어갈까
가버린 세월이 서글퍼지는 슬픈 뱃고동 소릴 들어보렴

이제와 새삼 이 나이에 청춘의 미련이야 있겠냐마는
왠지 한 곳이 비어있는 내 가슴에
다시 못 올 것에 대하여 낭만에 대하여

『16집 열여섯 번째 이야기 / 대영AV / 1994년』

〈참여자 활동자료 4-3〉

잃어버린 것에 대하여 낭만에 대하여

어느 세대 건 잃어버리는 것과 얻는 것이 있습니다. 중년기 역시 마찬가지입니다. 그렇다면 중년기에 접어들어 내가 잃어버린 감정에는 어떤 것이 있고, 낭만처럼 느끼는(이전과 달라진 마음) 것에는 어떤 것들이 있는지 구분해 적어보세요.

잃어버린 것에 대하여	
낭만에 대하여	

제5회　인지적 변화 인식하기
〈조하리의 창에 표현한 생각의 패러다임〉

　중년기는 인지 발달에 있어서도 변화를 경험한다. 특정한 측면의 지적 능력은 오히려 강화된다는 주장도 있지만, 일반적으로 인지적 반응 속도가 감소한다. 하지만 그동안 행했던 학습과 경험으로 인해 지혜가 많기 때문에, 표면적으로는 인지 기능에 문제가 없어 보인다. 따라서 결정성 지능을 유지 및 발전시키기 위해서라도 지속적인 학습의 경험을 가질 필요가 있다.

　개인차가 있지만 40대 이후가 되면 특정 단어가 떠오르지 않을 때가 많다는 말씀들을 하신다. 그래서 한참 동안 답답한 마음이 들었다고 하는데, 이 또한 인지적 변화의 한 모습이다.

　이번 세션은 중년기에 접어들어 인식하고 있는 인지적 변화를 탐색하는 것이다. 본 프로그램에 참여하는 중년들께서 어떤 말을 해야 할지 잘 떠오르지 않는다고 말씀하실지도 모르지만, 그런 어려움도 극복하면서 인지적 변화를 인식할 수 있도록 돕기 위한 노력을 기울여 주시기 바란다.

(1) 선정 자료
① 지평선 :『김현승 시전집』/ 김현승 지음, 김인섭 엮음·해설 / 민음사
　이 전집은 김현승 시인 사후 30주기를 맞아 발간한 것이라고 한다. 따라서 김현승 시인의 작품들이 총 망라되어 있는데, 시인께서 생전에 발행한 단독 시집 〈김현승시초〉, 〈옹호자의 노래〉, 〈견고한 고독〉, 〈절대고독〉 4권과 전집 등 총 5권의 시집과 사후 발행한 유고 시집 〈마지막 지상에서〉를 발간한 순서대로 실었다.

본 세션을 위해 선정한 시 '지평선'은 시간이 지났어도 잊히지 않는 기억을 담고 있다. 따라서 참여자들이 본 시를 바탕으로 지평선에 세워 둔 기억들을 떠올리셨으면 하는 바람이다.

(2) 관련 활동

① 조하리의 창에 표현한 생각의 패러다임

조하리의 창 이론은 '조셉 러프트(Joseph Luft)'와 '해리 잉햄(Harry Ingham)'이라는 두 심리학자가 1955년에 한 논문에서 개발하여 소개한 것으로, 조하리(Johari)는 두 사람 이름의 앞부분을 합성해 만든 용어다. 조하리의 창(Johari's window)은 나와 타인과의 관계 속에서 내가 어떤 상태에 처해 있는지를 보여주고 어떤 면을 개선하면 좋을지를 보여주는 데 유용한 분석틀로써, 크게 4가지로 이뤄진다.

첫 번째는 자신도 알고 타인도 아는 '열린 창', 두 번째는 자신은 알지만 타인은 모르는 '숨겨진 창', 세 번째는 나는 모르지만 타인은 아는 '보이지 않는 창', 마지막 네 번째는 나도 모르고 타인도 모르는 '미지의 창'이 바로 그것이다. 따라서 이 네 가지의 창을 잘 이해하고 활용하면 타인과 좋은 관계를 맺는 데 도움을 받을 수 있는데, 중요한 것은 이 4가지 영역의 넓이가 계속 변한다는 것이다.

점검을 위한 '조하리의 창' 활동지는 〈참여자 활동자료 5-2〉에 제시했다.

〈참여자 활동자료 5-1〉

지평선

김현승

이 눈이 끝나는 곳에서
그 마음은 구름이 피고
이 말이 끝나는 곳에서
그 뜻은 더욱 멀리 감돈다.
한 세상 만나던 괴롬과 슬픔도
끝에선 하나로 그리움이 되고
여기선 우람한 기적도
거기선 기러기소리로 날아간다.

지나가 버린 모든 시간,
잊히지 않는 모든 기색
나는 그것들을 머언 지평선에 세워두고
노을에 물든 그 모습으로

『김현승 시선집 / 김현승 지음, 김인섭 엮음·해설 / 민음사 / 2005년』

〈참여자 활동자료 5-2〉

조하리의 창에 표현한 생각의 패러다임

아래 표에 생각의 패러다임을 표현해 보신 다음 함께 이야기 나누어 봅시다.

자신도 인정, 타인도 인정하는 영역	타인은 인정하지만 자신은 부정하는 영역
자신은 인정하지만 타인은 부정하는 영역	자신도 부정, 타인도 부정하는 영역

제6회 삶의 목표 점검 및 수정하기
〈손바닥에 표현한 내 삶〉

누군가에게는 계속 꿈을 갖고 목표를 세우는 일이 버거울 것이다. 따라서 삶의 목표를 점검하고 수정해 보자는 제안이 반갑지 않을 수도 있다. 하지만 목표를 갖는다는 것은 무엇인가를 위해 노력해볼 가치를 설정한다는 것이기 때문에 누구에게나 필요하다. 이번 세션의 목표는 삶의 목표를 점검하고 혹시 그 중 무리가 되는 것이 있다면 실현 가능하도록 수정하는 것이다.

(1) 선정 자료

① 손금을 보면서 : 『닿지 않는 손』 / 서정홍 동시, 윤봉선 그림 / 우리교육

살아 있는 글쓰기를 실천하는 서정홍 시인의 동시이다. 중년 참여자들에게 동시가 어울릴 것 같지 않지만, 손금은 사람이 사는 여러 갈래의 길을 보여준다는 대목은 절로 고개를 끄덕이게 만든다. 따라서 쉬운 내용이지만 그동안 살아온 삶을 살펴보고 앞으로의 목표를 수립하는데 도움이 될 자료라 판단되어 선정했다. 시의 전문은 〈참여자 활동자료 6-1〉에 제시했다.

(2) 관련 활동

① 손바닥에 표현한 내 삶

A4 용지에 자신의 손을 대고 본을 뜬 다음, 앞으로 이루고 싶은 목표를 적게 한다. 손바닥에는 최종 목표를 각 손가락에는 해내고 싶은 일들을 각각 적게 하면 된다. 만약 각 손가락마다 채울 내용이 부족하면 부족한대로 비워 두어도 된다. 활동지의 예는 〈참여자 활동자료 6-2〉에 담겨 있다.

〈참여자 활동자료 6-1〉

손금을 보면서

서정홍

"어머니, 손금은
왜 이리 어지럽게
여러 갈래로 나 있는 걸까요?"

"사람이 사는 길도
여러 길이 있다는 것을
보여 주기 위해서지."

어머니 말씀 듣고
손금을 자세히 보니
진짜 길이 많습니다.

넓은 길과 좁은 길이 있고
죽 뻗은 길과 굽은 길이 있고
사이사이 샛길도 있습니다.

『닳지 않은 손 / 서정홍 동시집, 윤봉선 그림 / 우리교육 / 2008년』

〈참여자 활동자료 6-2〉

손바닥에 표현한 내 삶

자신의 손바닥을 대고 본을 뜬 다음, 그 안에 내가 살아온 삶을 표현해 봅시다.

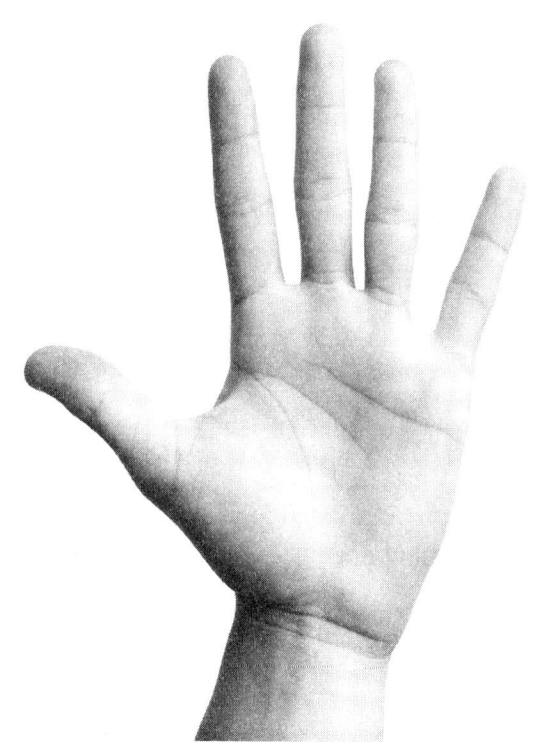

제7회   비우고 채우기
〈모래시계〉

(1) 선정 자료

① 『비움, 아름다운 채움』 / 성전 지음 / 마음의 숲

최근 단순한 삶(Simple Life)을 추구하는 사람들이 늘고 있다. 집 밖으로 몇 걸음만 나가면 먹고 싶은 것, 사고 싶은 것, 즐기고 싶은 것들을 모두 누릴 수 있는 세상에 살면서 그 모든 것들의 유혹에 흔들리지 않고 검소하면서도 간결한 삶을 사는 것이 쉽지는 않다. 그럼에도 비울 것은 비우는 대신 정신적 부를 쌓으려는 사람들이 늘고 있는 것이다.

이번 세션을 위해 선정한 도서는 성전 스님께서 지으신 것으로, 비움이야말로 아름다운 채움을 위한 기반이라는 내용을 담고 있다. 따라서 이번 세션의 목표와 부합이 되기 때문에 참여자들에게 그 의미를 전하고 과연 내가 비우고 채워야 할 것은 무엇인가 생각해 볼 수 있도록 돕기 위해 선정을 했다.

(2) 관련 활동

① 모래시계

모래시계는 가운데가 잘록한 모양으로 위아래가 붙어 있는 유리그릇에 마른 모래를 넣고, 중력에 의해 모래가 서서히 떨어지면 그 부피로 시간을 재는 장치이다. 그릇의 크기나 모래알의 종류·크기·모양에 따라 시간이 다른데, 한쪽의 모래가 다른 쪽으로 모두 옮겨가면 그릇을 뒤집는다.

본 활동은 모래시계의 원리를 활용해 양쪽의 그릇 가운데 한쪽에는 비우고 싶은 점, 다른 한쪽에는 다시 채우고 싶은 점을 적을 수 있도

록 하기 위한 것이다. 이 활동은 참여자들 스스로의 욕구를 점검할 수 있도록 도울 것이며, 더불어 모래시계의 원리처럼 바라는 것들이 결국 언젠가는 버려야 할 것임을 깨달을 수 있을 것이다.

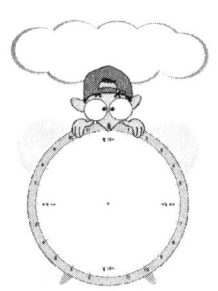

〈참여자 활동자료 7-1〉

모래시계

　모래시계의 한쪽에는 내가 비워야 할 것, 반대쪽에는 다시 채우고 싶은 것을 적어주십시오.

제8회 자아 존중감 끌어올리기
〈강연 100℃〉

나이가 들어 중년이 되었다고 해서 자아 존중감이 자연스레 떨어지는 것은 아니지만, 여러 측면에서 잃어가고 있다는 느낌이 강해지면서 자아 존중감 역시 감소할 수는 있다. 자아 존중감은 자신을 존중하는 마음, 자신을 사랑하는 마음, 자신을 아끼는 마음 등으로 바꾸어 표현할 수 있는데, 일반적으로 자신의 외적 및 내적인 능력으로 인해 처해 있는 상황, 스스로를 넘어 타인의 인정 정도와도 밀접한 관련이 있다.

비록 자기 스스로는 부정적인 평가를 내리고 있어 자아 존중감이 낮더라도, 이미 중년기에 접어든 사람이라면 그 시기에 이를 때까지 험난한 세상을 살아낸 저마다의 지혜가 있을 것이다. 따라서 그 부분을 인정받고, 본인 스스로 인정할 수 있다면 자아 존중감은 자연스레 증진될 것이다.

이번 세션은 자아 존중감을 끌어올리는데 목표가 있다. 서로의 이야기에 귀를 기울여 주고 격려를 더해주는 것만으로도 충분한 역할을 다 하는 것이다.

(1) 선정 자료
① 다시 태어나는 중년 / 이상춘 지음 / 한문화
이 책은 여성들이 한 번은 겪게 되는 '폐경기'를 소재로 한다. 혹자는 폐경을 여성으로서의 삶이 다하는 시점이라고 표현하는데, 신체적으로 심리적으로 그만큼 많은 변화를 가져오는 것이 폐경이다. 따라서 폐경을 맞이하는 여성들은 일생일대의 전환기를 맞아 자신을 성찰하게 된다.

이 책은 여성들의 신체 생리적인 변화를 소재로 하기 때문에 남성 참여자들에게는 생경할 수 있다. 하지만 누구나 자신의 삶을 송두리째 바꿀만한 일을 겪게 되고, 그 일로 인해 자아 존중감도 바닥까지 떨어지는 경험을 할 수 있다.

(2) 관련 활동

① 강연 100℃

KBS-1TV를 통해 2012년 5월부터 2015년 4월까지 방영되었던 프로그램과 같은 제목의 활동이다. 제목이 100℃가 붙어 있는 이유는 그 온도에서 물이 끓듯이, 인생을 변화시켰던 '결정적 한 순간'을 소재로 치열했던 삶과 그 속에 담긴 지혜를 나누기 때문이라고 한다.

따라서 본 활동도 방송의 취지를 살려 자신만의 삶에 대한 경험과 그 속에 담긴 지혜를 나누어 보고자 한다. 본 활동을 위해서는 지난 세션에 미리 예고를 하고 참여자들이 준비를 할 수 있도록 해야 한다. 한 사람 당 5분씩의 시간 동안 자신의 이야기를 할 수 있는데, 주제는 고난의 순간과 그 순간을 어떻게 이겨냈는가에 대해서이다.

제9회 관계 다지기 1 – 가족
〈가족에게 쓰는 편지〉

가족의 모습은 여러 가지예요. 누구든, 무엇을 하든, 어디에 있든 여러분의 가족은 특별해요!

『모든 가족은 특별해요 / 토드 파 지음 / 문학동네어린이』

(1) 선정 자료

① 고령화 가족 / 천명관 지음 / 문학동네

가족 간에도 적절한 거리가 필요하다. 특히 자녀들이 모두 성인이 된 상황이라면 직장과 가까운 곳으로 독립을 하던, 결혼을 통해 출가를 하든 충분한 거리를 확보할 필요가 있다. 하지만 삶은 모두가 원하는 방향으로 나아가지만은 않는다. 이 책에 등장하는 가족들처럼 말이다. 희대의 이야기꾼이라는 평가를 받는 천명관 작가의 작품으로, 이웃 중 어느 집의 이야기인 것처럼 생생한 느낌을 준다.

② 고령화 가족 / 송해성 감독 / 박해일·윤제문·공효진·윤여정 주연 / 드라마 / 한국

천명관 작가의 소설을 원작으로 만들어진 영화이다. 엄마 집에 빈대 붙어 사는 철없는 백수 첫째 '한모', 흥행참패 영화감독 둘째 '인모', 결혼만 세 번째인 뻔뻔한 로맨티스트 셋째 '미연'. 서로가 껄끄럽기만 한 삼 남매와 미연을 쏙 빼 닮아 되바라진 성격의 개념상실 여중생 '민경'까지, 모이기만 하면 사건 사고가 끊이지 않는 이들이 엄마 집에 살면서 벌어지는 여러 상황들을 담고 있다.

본 세션을 위해 이 작품을 선정한 이유는 어느 집에나 문제를 갖고 있기 때문이다. 게다가 그 문제의 원인은 가족 구성원들이 제공하기

때문이다. 따라서 작품을 바탕으로 참여자 가족들이 갖고 있는 문제를 점검하고, 나아가 가족 구성원들끼리 관계를 증진시킬 수 있는 방안을 찾는데 목적이 있다.

(2) 관련 활동

① 가족에게 쓰는 편지

가족 구성원 가운데 가장 갈등이 큰 사람에게 편지를 써보는 것은 어떨까. 진심을 담아 써서 이번 기회에 그 마음을 전달하고 관계 개선을 위한 노력을 지속해 나간다면 분명 긍정적인 관계로 바뀔 것이다. 하지만 이 역시 서둘러서는 안 된다. 왜냐하면 관계는 쌍방이기 때문이다. 따라서 상황을 봐서 발표를 권하고, 나아가 관계 개선을 위한 노력도 타진을 해보는 것이 좋겠다. 이때 만약 준비가 안 된 참여자라면 굳이 발표나 편지 전달 등의 관계 개선을 위한 시도를 무리하게 진행할 필요는 없다.

제10회 관계 다지기 2 – 사회
〈꽃밭으로 표현한 사회관계〉

사회관계는 사회생활을 영위해 나가는데 필요한 인간관계 전반을 말한다. 사람들은 1차 대상인 가족을 넘어 사회에서 만나는 사람들과 적정 관계를 맺어 나갈 필요가 있다. 하지만 가족관계에서도 어려움을 겪기 때문에 사회관계는 훨씬 어려울 수 있다. 이번 세션은 사회 내 관계를 증진시키는데 목표가 있다.

(1) 선정 자료

① 사람들 사이에 꽃이 필 때 : 『사람들 사이에 꽃이 필 때』 / 최두석 시 / 문학과 지성사

50여 편이 묶여 있는 시집으로, 본 세션을 위해 선택한 시는 '사람들 사이에 꽃이 필 때'이다. 시의 전문은 〈참여자 활동자료 10-1〉에 있다.

(2) 관련 활동

① 꽃밭으로 표현한 사회관계

색종이로 특정 여러 종류의 꽃을 만들어도 되고, 자신이 원하는 꽃을 그림으로 그려도 된다. 이어서 각자 표현한 꽃들을 한 곳에 모아 꽃밭을 꾸며보자. 이때 각자가 만든 꽃이 한 곳에 모여 어우러지는 것이 사람들이 사회에 모이는 것과 같은 이치라는 것을 알고, 그러기 위해 필요한 것들은 무엇일까 더불어 이야기 나누면 되겠다. 꽃밭으로 표현한 예시는 〈참여자 활동자료 10-2〉를 참고하라.

〈참여자 활동자료 10-1〉

사람들 사이에 꽃이 필 때

최두석

사람들 사이에 꽃이 필 때
무슨 꽃인들 어떠리
그 꽃이 뿜어내는 빛깔과 향내에 취해
절로 웃음짓거나
저절로 노래하게 된다면

사람들 사이에 나비가 날 때
무슨 나비인들 어떠리
그 나비 춤추며 넘놀며 꿀을 빨 때
가슴에 맺힌 응어리
저절로 풀리게 된다면

『사람들 사이에 꽃이 필 때 / 최두석 시 / 문학과지성사 / 1997년』

〈참여자 활동자료 10-2〉

꽃밭으로 표현한 사회관계

제11회 노년기를 위한 준비
〈내 노년기의 모습 모방 시로 쓰기 – O씨의 하루〉

유비무환(有備無患)이라는 말이 있다. 어떤 상황에서든 미리 대비를 해두면 근심이 없다는 뜻으로, 건강하고 여유로울 때에는 그렇지 못할 수도 있는 미래를 위해 여러 측면에 대해 예측하고 준비를 해둘 필요가 있다. 그렇다면 행복하고 건강한 노년기를 위해서는 무엇을 준비해야 할까? 저마다의 가치관에 따라 다른 준비를 하겠으나, 대부분 건강을 최우선으로 고려하고 이어서 경제적인 측면 등도 중요하게 생각을 할 것이다.

종결을 앞두고 있는 11세션의 목표는 노년기를 위한 준비이다. 이 또한 중년기에 해야 할 과업 중 한 가지여서 프로그램을 마무리 짓기 전 다루어 보고자 한다.

(1) 선정 자료

① 김씨의 하루 : 『국어시간에 시 읽기 1』 / 전국국어교사모임 엮음 / 휴머니스트

신나고 재미있는 수업을 만들기 위해 애쓰고 있다는 전국국어교사모임에서 펴낸 청소년을 위한 시 모음집이다. 시리즈가 계속 출간 중인데, 제 1권에는 주제에 따라 '시를 읽는 재미', '나, 세계의 중심', '가족, 이웃, 삶', '작은 발견, 큰 기쁨', '지혜, 혹은 삶이 깊이', '흙, 고향, 생태, 생명', '그리움, 사랑의 아름다움', '시, 역사의 꽃'의 8개의 부로 구성되어 있다. 또한 1부에서는 학생들의 시를 많이 수록하여 시에 대한 친근감과 감동을 준다.

본 세션을 위해 선정한 시 '김씨의 하루'는 출근할 곳이 없어진 김씨가 보내는 하루를 조망한다. 시의 주인공 김씨가 아직 노년기는 아닌 것 같지만, 할 일이 없어 생지옥 같은 하루를 보내는 모습이 노년기의

내 모습과 같을 수도 있다는 생각을 충분히 할 수 있을 것 같아 선정한 자료이다.

(2) 관련 활동

① 내 노년기의 모습 모방 시로 쓰기 - ○씨의 하루

나이를 먹으면 그 나이만큼의 속도로 세월이 흘러간다고 하기 때문에 프로그램에 참여하는 중년들께서 굳이 노년기를 상상하고 싶지 않을 수도 있겠으나, 노년기의 모습을 미리 떠올려 보고 모방 시로 쓰는 작업은 준비를 할 수 있는 기회일 수도 있다. 본 활동은 선정 자료 '김씨의 하루'를 바탕으로 참여자 자신의 성을 넣어 모방 시를 써보는 것이다. 활동지는 〈참여자 활동자료 11-2〉에 담겨 있다.

〈참여자 활동자료 11-1〉

김씨의 하루

정대호

아침부터 마을 앞 공원을 서성이며
휴대폰에 온 신경을 세운다.
출근할 곳이 없어진 그날
전화기를 사고
이력서를 몇 군데 내고
마을 동산 공원의 가치가 새로웠다.
그가 새로 알게 된 것은 시간의 두려움이다.
서성거리기가 이렇게 힘들고
시간을 보내기가 이렇게 힘들다니
비라도 오는 날이면
김씨의 하루는 더욱 힘들다.
다방에서 담배나 피우자니
이건 온통 하루의 생지옥이다.

김씨의 하루는 제일 무서운 게 바로 시간이다.

『국어시간에 시 읽기 1 / 배창환 엮음 / 휴머니스트 / 2012년』

〈참여자 활동자료 11-2〉

모방 시 쓰기 - ○씨의 하루

제12회 중년기 위기 극복하기
〈소감문 쓰기, 종결〉

국민 남동생으로 사랑을 받고 있는 탤런트 유승호 씨는 청춘이 싫어서 빨리 나이가 들어 30대, 40대가 되고 싶다고 했다. 이유는 어린 나이 때문에 배우보다는 어리다는 이유로 배려의 대상이 되기 때문이라고 한다. 그래서 나이가 들어 연기적인 면에서도 성숙하고 싶다는 바람이 있기 때문이라고 한다.

하지만 이 기사를 접한 중년들 중에는 젊음 그 자체가 무척 소중한 것이라는 점을 알기 때문에, 더불어 중년기에는 수많은 위기를 극복하면서 살아내는 것 자체가 쉽지 않기 때문에 유승호 씨의 발언은 진심이 아닐 거라는 생각을 할 수도 있다. 혹은 철없는 생각이라고 치부할 수도 있다.

그렇다. 중년기에는 정말 많은 측면에서의 위기가 엄습한다. 그러나 그동안의 경험으로 지혜롭게 이겨나갈 수가 있는 시기이기도 하다. 길다면 길게 느껴질 수 있는 본 프로그램도 어느덧 마무리를 짓는 날에 이르지 않았는가. 물론 12세션의 프로그램으로 중년기 위기를 모두 극복한다는 것은 불가능한 일이지만, 적어도 위기가 닥쳤을 때 어떻게 풀어나갈 것인가에 대한 생각을 통한 방안을 한두 가지라도 모색을 하셨다면 성공적인 프로그램이었으리라 생각된다.

(1) 선정 자료

① 사랑 찾아 인생을 찾아 / 엄기엽·진형욱·S. Jin 작사, 엄기엽 작곡, 조항조 노래 / KBS-2TV 드라마 '왕가네 식구들' OST

비록 드라마가 막장이라는 오명을 쓰기는 했지만 꽤 높은 시청률을 기록하며 인기를 끌었고, 더불어 OST였던 이 곡도 많은 사랑을 받았다. 사랑 찾아 인생을 찾아 하루 종일 바쁘게 뛰어다닌 결과 내 꿈도 가까이 왔다는 가사를 통해, 참여자들이 다시 열심히 생활해야 한다는 목적의식을 갖기 바라는 마음으로 선정한 노래이다. 노래 가사는 〈참여자 활동자료 12-1〉에 제시했다.

(2) 관련 활동
① 소감문 쓰기

〈참여자 활동자료 12-1〉

사랑 찾아 인생 찾아

엄기엽·진형욱·S. Jin 작사,
엄기엽 작곡, 조항조 노래

라라랄라 라라라라 랄라 라라라라 라라라랄라
사랑 찾아 인생을 찾아 하루 종일 숨이 차게 뛰어다닌다
서울하늘 하늘아래서 내 꿈도 가까이 온다

사랑도 있고 우정도 있고 하늘아래 살고 있고
저마다 다른 인생 속에 또 하루를 바쁘게 산다

우리인생 살다보면 힘든 날도 수없이 찾아오지만
사랑하나 그 사랑하나 찾으려고 몸부림치네

사랑 찾아 인생을 찾아 하루 종일 숨이 차게 뛰어다닌다
서울하늘 하늘 아래서 내 꿈도 가까이 온다

사랑을 알고 우정도 알고 정 하나로 살고 있고
저마다 값진 인생 속에 또 하루를 바쁘게 산다

우리인생 살다보면 힘든 날도 수없이 찾아오지만
오늘보다 더 멋진 인생 찾기 위해 몸부림치네

사랑 찾아 인생을 찾아 하루 종일 숨이 차게 뛰어다닌다
서울하늘 하늘 아래서 내 꿈도 가까이 온다

사랑 찾아 인생을 찾아 지친가슴 끌어안고 뛰어다닌다
서울하늘 하늘아래서 내 꿈도 가까이 온다

『KBS-2TV 드라마 〈왕가네 식구들〉 OST / 2013년』

세 번째 만남

중년기 부부의 관계 개선을 위한 독서치료 프로그램

1. 프로그램의 필요성

한 가정의 출발은 남녀가 사회나 관습상으로나 법률상으로 인정하는 결혼을 통하여 부부가 됨으로써 이루어진다. 이 관계는 남녀 이성 사이의 생리적 상호보충의 기능을 기반으로 심리적, 경제적 및 사회적으로 의존하는 밀접하고 총체적인 것이다. 이러한 부부는 서로의 성장에 도움이 되기도 한다. 즉 부부는 서로에 대한 헌신과 효과적인 의사소통체계를 이루고, 갈등과 분노를 창조적으로 분출시키며 많은 훈련과정을 통해 성장을 이루어 갈 수 있다.[1]

하지만 모든 사람들이 크고 작은 문제와 갈등 요소를 갖고 있듯이 대부분의 부부들은 이해와 노력, 변화를 바탕으로 극복해야 할 어려움을 갖고 있다. 왜냐하면 그들은 서로 다른 문화적 환경 속에서 성장하며 경험했고, 그것을 바탕으로 자신만의 사고와 감정체계를 만들었기 때문이다. 이 과정은 사고방식 등의 차이를 만들고, 차이는 결국 어느 정도의 불만과 갈등, 충돌을 유발하게 된다. 다음은 여러 학자들이 말한 부부 갈등의 원인이다.

먼저 클러머(Klemer)는 부부 갈등을 기대의 문제로 보고 부부가 과대한 기대, 혼돈의 기대, 충분치 못한 기대, 부부간의 기대 차이 등을 가질 때 갈등하게 된다고 하였다.[2]

콜린스(Collins)는 부부 갈등 요인을 잘못된 의사소통, 방어적이고 자

---

[1] Mace, David & Mace V. 1983. *Prevention in Family Service : Approaches to Family wellness*. Beverly Hills, California : Sage Publication. pp. 104-105.
[2] Klemer, Richard H. 1970. *Marriage and Family Relations*. New York : Harper and Row. pp. 31-32.

기중심적인 태도, 대인간의 긴장, 외부의 압력으로 보고 있으며, 때에 따라서 그 부부를 제외한 다른 사람이나 상황에 의하여 자극을 받는 원인, 권태 등이 갈등 요인이 되는 것으로 보았다.[3]

사티어(Satir)는 갈등의 원인이 가족규칙들에 문제가 있다고 보았다. 즉 자기 가치가 낮고, 의사소통이 간접적이고 모호하여 정직하지 않으며, 규칙은 엄하고 비인간적이며, 비타협적으로 바꿀 수 없으며, 사회와의 연결을 맺는 것을 두려워하여 책임전가 하는 가족규칙에 있다고 하였다.[4]

아론 벡(Aaron T.Beck)은 부부의 갈등은 성격상의 차이 때문이 아니라 그릇된 커뮤니케이션과 상대방 행동에 대한 잘못된 해석에서 나온다고 보았다. 이런 오해는 부부가 상대방에 대해 왜곡된 이미지를 가지게 될 때 일어난다. 왜곡은 상대방의 말이나 행동을 잘못 해석하고 바람직하지 못한 동기를 가진 것처럼 보게 만든다.[5]

양정자는 가정법률 상담소에서 경험한 부부 상담을 토대로 한국의 부부들은 부부 중 어느 한쪽이 희생을 요구할 때, 부부가 어떤 이유로든 서로를 구속할 때, 부부 관계를 적이 아닌 원수로 여길 때, 부부 관계를 가르쳐서 고치려는 스승과 제자의 관계로 생각할 때, 왜곡된 부부 관계를 가졌을 때 갈등을 겪는다고 하였다.[6]

---

3) Collins, G. 1990. 『효과적인 상담』. 정동섭 역. 서울 : 두란노. pp. 224-248.
4) Satir, Virginia. 1988. *The New People Making*. Mountain View : Science and Behavior Books, Inc. pp. 3-4.
5) Beck, Aaron T. 2001. 『사랑만으로는 살 수 없다』. 제석봉 역. 서울 : 학지사. p. 25.
6) 양정자. 1995. 『부부싸움하면 이겨야 한다』. 서울 : 다섯수레. pp. 22-28.

김상복은 결혼생활에서의 갈등은 가정배경의 차이에서 오는 갈등, 인생경험의 차이에서 오는 갈등, 성품의 차이에서 오는 갈등, 남녀의 기본적 차이에서 오는 갈등, 심리적 차이에서 오는 갈등(부부는 감정의 상태와 일 처리하는 능력, 문제해결의 방법이 다르기 때문에 이런 상황에서 갈등을 경험), 체질상의 차이에서 오는 갈등 등으로 보았다.[7]

이상의 내용을 정리해 보면 부부 사이 갈등의 원인은 의사소통문제, 기대의 차이, 경제적 문제, 건강 문제, 자녀교육문제, 직장에 따른 문제 등이 공통적이다. 또한 우리나라는 문화적 특성상 배우자의 외도나 고부간의 갈등도 중요한 요인이라 할 수 있다. 따라서 부부는 자신들이 겪고 있는 갈등을 모든 부부에게 발생할 수 있는 자연스러운 일로 여기고, 서로의 관계 변화와 발전을 위해 활용하는 지혜가 필요하다. 특히 부부 관계는 자녀는 물론 집안 전체, 나아가 사회에까지 영향을 미치는 요소이므로 긍정적으로 증진시킬 필요가 있다. 본 프로그램은 독서치료를 바탕으로 부부 관계를 증진시키고자 하는데 목표가 있다.

---

[7] 김상복. 1994. 『행복한 부부생활 꾸미기』. 서울 : 나침반. pp. 193-207.

2. 프로그램의 구성

본 프로그램은 중년기에 접어든 결혼생활 10년 차 이상의 부부들을 대상으로 한다. 참여 인원은 7쌍 14명 이내, 한 세션 당 운영 시간은 2시간이다. 중년기의 부부들은 모두 성인이기 때문에 서로의 협의 하에 자발적 참여를 할 가능성이 높지만, 마치 엄마와 자녀가 함께 오는 프로그램에서처럼 부인의 일방적 요구에 의해 참여를 결정했을 가능성도 높다. 이때 남편에게는 프로그램에 열심히 참여했을 때 어떤 보상을 해주기로 약속을 하는 경우도 있다. 그야말로 자녀들을 프로그램으로 이끌 때와 같은 상황이다. 상황이 이렇다 보니 부인들은 동기가 충만한 반면 남편들은 마지못해 와서 앉아 있는 경우가 많다. 따라서 프로그램에 참여하면서 남편들의 동기도 불러일으켜, 결국 이 프로그램의 목표를 이룰 수 있도록 노력할 필요가 있다. 그런 맥락에서 가장 중요한 매개가 되는 자료의 선정이 매우 중요하다.

독서치료 자료는 내면 상처의 치유를 위한 촉매로 작용하므로 선택된 작품이 참가자들의 마음을 움직일 수 있는 내적인 호소력을 갖는 것이 중요하다. 독서치료에서 사용하는 자료는 책뿐만 아니라 신문이나 잡지의 기사가 될 수도 있고, 노래의 가사나 영화, 음성 책(Talking Book), 점자 책 등의 인쇄 자료, 시청각 자료, 전자 자료 및 장애인을 위한 특수 자료 등이 모두 다 포함될 수 있다.[8] 따라서 본 프로그램을 위해 다음과 같은 기준으로 자료를 선정했다.

---

8) 임성관. 2014. 『독서치료의 모든 것』. 서울 : 시간의 물레. p. 56.

1) 참여자들이 성인이기 때문에 독서치료에서 활용하는 문학작품에 제한을 두지 않고 여러 장르(도서, 시, 노래 가사, 영화, 드라마, 영상 등)를 두루 선정하였다.
2) 여러 장르 가운데 120분의 운영 시간 내에 함께 읽고 상호작용할 수 있는 범위와 분량의 자료를 위주로 선정하였다.
3) 프로그램의 목표가 부부 관계 증진이기 때문에, 해당 내용을 담고 있어 참가자들에게 긍정적 영향을 미칠 수 있는 자료를 중심으로 선정하였다.

이렇게 선정된 자료들은 회사 일과 일상으로 바쁠 부부 참여자들에게 읽어오는 부담을 주지 않기 위해 해당 세션마다 치료사가 읽어주었다. 이후 발문과 관련 활동을 통한 상호작용을 진행하면서 각 세션의 세부목표를 이루기 위해 노력하였다. 본 프로그램의 세부 계획은 〈표 3-1〉에 제시했다.

〈표 3-1〉 중년기 부부의 관계 개선을 위한 독서치료 프로그램

세션	세부목표	선정 자료	관련 활동
1	오리엔테이션 및 소개나누기	시 : 관계	프로그램 소개, 집단 서약서 작성, 소개 나누기, 사전 검사
2	서로에 대한 인식 점검하기	시 : 가구	내가 알고 있는 당신
3	성장 과정 이해하기 1 - 아동·청소년기	도서 : 고향의 봄 사진 : 어린 시절의 사진	인생선 그리기
4	성장 과정 이해하기 2 - 성인기	시 : 그 아이의 연대기 노래 : 서른 즈음에	성인기의 자화상 콜라주로 표현하기
5	결혼 과정 회상하기	영상 : 사랑에 빠진 암소와 호랑이 시 : 결혼에 대하여	결혼 과정 도식화하기
6	부부 사이 갈등 점검하기	도서 : 설탕엄마 소금아빠 시 : 어머니가 지은 시	서로가 지각하는 갈등 요인 점검
7	서로에 대한 욕구 점검하기	영상 : 그걸 바꿔 봐	상대가 바꾸어야 할 점, 내가 바꾸어야 할 점
8	갈등 해결 기술 1 - 생각 들어주기	글 : 상대방의 말 중복하기	마주 대화 나누기
9	갈등 해결 기술 2 - 마음 받아주기	도서 : 마음의 집 시 : 마음을 버리지 않으면	마음의 집 표현하기
10	갈등 해결 기술 3 - 행동 감싸주기	시 : 안기기, 안아주기	안기기, 안아주기
11	부부 관계 증진을 위한 목표 수립	시 : 내가 당신을 사랑하는 이유	모방 시 쓰기, 부부 관계 목표 수립
12	Remind Wedding	도서 : 당나귀 부부	Remind Wedding Ceremony, 사후 검사, 참여 소감 나누기

3. 프로그램의 실제

중년기 부부의 관계 개선을 위한 독서치료 프로그램

제1회 오리엔테이션 및 소개 나누기
〈프로그램 소개, 집단 서약서 작성, 소개 나누기, 사전 검사〉

(1) 선정 자료

① 관계 : 『詩가 마음을 만지다』 / 최영아 지음 / 쌤앤파커스

사람마다 마음을 만져줄 수 있는 것이 다르겠으나, 정서적으로 메말라 화수분이 필요한 사람들에게 시는 분명 도움이 될 수 있는 매개체이다. 시를 읽으면 다음과 같은 과정을 통해 효과를 볼 수 있다. 우선 시를 읽는 과정에서 마치 자신의 이야기를 하고 있는 것 같은 느낌에 마음이 저절로 열릴 것이고, 자연스레 자신의 이야기를 말과 글로 더하면 시인 및 자신과 이야기를 나누면서 마음이 단단해질 것이다.

> 너와 나 너무 가까워
> 그 누구도 끼어들지 못 하는 사이
> 나는 네 그늘에 가려
> 너는 내 솜털가시에 찔려
> 소리 없이 신음하고 있었으리라

위 내용은 제1회를 위해 선정한 시 '관계'의 일부분이다. 모든 관계는 너무 가까워도 너무 멀어도 안 되는 적절한 거리가 필요하다. 하지만 그 거리가 사람마다 달라서 유지하기가 어렵다. 그럼에도 끊임없이 그 거리를 찾아야 하는 것이 모든 관계의 숙명이리라.

(2) 관련 활동

① 프로그램 소개

부부 대상 프로그램에서의 남편들은 부모와 자녀가 함께 오는 프로그램에서의 자녀와 비슷하다. 왜냐하면 치료를 위해 가장 중요한 동기가 없기 때문이다. 따라서 부인이자 엄마들은 높은 동기를 바탕으로 남편과 자녀를 설득해서 프로그램에 참여한다. 이때 남편과 자녀가 일정 요건을 충족시키면 무엇을 해주겠다는 조건을 내거는 경우가 많은데, 그들이 처음에는 그런 동기로 참여를 하더라도 점차 자신들의 의지가 발휘될 수 있도록 해야 한다. 때문에 첫 시간은 없던 동기도 유발시킬 수 있어야 할 만큼 매우 중요하다. 그러므로 프로그램 소개부터 정성을 들여야 한다.

② 집단 서약서 작성
〈참여자 활동자료 1-2〉에 제시했다.

③ 소개 나누기
〈참여자 활동자료 1-3〉에 제시했다.

④ 사전 검사

본 프로그램에 참여하는 부부들의 관계 정도와 프로그램의 효과를 동시에 평가하기 위해서 사용한 평가도구는 '부부 관계에 대한 비합리적 신념 척도'와 '개정된 부부 적응 척도'이다. 두 척도는 모두 자기 보고식 형태로 되어 있으며, 1세션에는 사전 검사로 적용하여 그 결과를 통해 현재 부부 관계 정도가 어떤지 점검하여 프로그램 운영에 참조하고, 이어서 12세션에 다시 한 번 실시하여 독서치료 프로그램에 참여한 효과가 어떤지 재점검을 할 것이다.

먼저 '부부 관계에 대한 비합리적 신념 척도'는 Epstein과 Eidelson(1982)[9]이 제시한 친밀한 관계(intimate relationships)에서 역기능적으로 작용하는 다섯 가지 비합리적 신념을 측정하기 위해서 개발한 '관계 신념 척도(Relationship Beliefs Inventory : RBI)'로 총 40개의 문항이다. 이 척도는 각 영역별로 '전혀 그렇지 않다'의 1점에서부터 '매우 그렇다'의 6점에 이르기까지 6점 리커트형 척도로 구성되어 있다. 점수가 높을수록 부부 관계에 대한 비합리적 신념이 높은 것을 나타낸다. 부부 관계에 대한 비합리적 신념 척도의 문항 구성은 '의견 불일치', '마음 알아주기', '변화 가능성', '성적 완벽주의', '성 고정관념' 등이다. 해당 검사지는 〈참여자 활동자료 1-4〉에 제시했다.

이어서 '개정된 부부 적응 척도'는 Spanier(1976)가 개발한 '부부 적응 척도(Dyadic Adjustment Scale : DAS)'를 Busby와 동료들(1995)[10]이 재구성한 '개정된 부부 적응 척도(Revised Dyadic Adjustment Scale : RDAS)'이다. 이 척도는 동의, 만족, 응집의 3가지 하위 영역으로 구성되어 있다. 동의의 경우 의사결정, 가치관, 애정으로, 응집의 경우 활동과 의논으로, 만족은 안정성과 갈등의 세부하위 영역으로 구성되어 있다. 각각의 세부 하위 영역은 2개의 문항으로 이루어져 있어 총 14개 문항으로 구성되어 있다. 이 가운데 활동 영역은 5점 리커트 척도로 구성되어 있고, 나머지 영역은 모두 6점 리커트 척도로 이루어져 있다. 해당 검사지는 〈참여자 활동자료 1-5〉에 제시했다.

---

9) Eidelson, R. J. & Epstein, N. 1982. Cognition and relationship maladjustment : Development of a measure of dysfunctional relationship beliefs. *Journal of Consulting and Clinical Psychology*. 50, 715-720.

10) Busby, D. M. , Christensen, C., Crane, R. D., & Larson, J. H. 1995. A revision of the dyadic adjustment scale for use with distressed and nondistressed couples : Construct hierarchy and multidimensional scales. *Journal of Marital and Family Therapy*, 21, 289-308.

〈참여자 활동자료 1-1〉

관 계

정채원

뭉그러진 복숭아를 골라낸다
저마다 단단한 씨앗을 아집처럼 품고도
가슴 부빈 자리마다 단물이 흥건하다
서로 밀착된 만큼 깊이 멍드는
사이를 조금씩 벌려 놓는다
너와 나 너무 가까워
그 누구도 끼어들지 못 하는 사이
나는 네 그늘에 가려
너는 내 솜털가시에 찔려
소리 없이 신음하고 있었으리라
그 동안, 몇 번의 천둥이 울고 비바람이 쳤는가
무너진 봉분 위에 복사꽃 지듯
가슴엔 붉은 기억 흩어져 있다
어미의 젖꼭지를 문 신생아처럼
친한 초유의 젖 냄새 온몸에 퍼져 나가던 시절
초산의 젖몸살에 눈물 흘리던 시절은 이미
늙은 어미의 뭉그러진 젖무덤이다
나는 너에게, 너는 나에게
흠 없는 영혼으로 남을 수는 없을까

몇 발짝 떨어져 서로를 바라다본다
너와 나 사이로 빠져 나가는 바람이
아직 단단한 추억의 개수를 헤아린다
어디선가 뽀얀 젖 냄새 실어 오는 바람 속
허공에 기댄 生이 너를 향해 기우뚱
가슴 잠시 탱탱해진다

「詩가 마음을 만지다 / 정채원 지음 / 쌤앤파커스」

〈참여자 활동자료 1-2〉

집단 서약서

다음의 내용은 집단을 보다 안전하고 유익하게 하기 위한 규칙입니다. 참여자들께서는 모두 지키겠다는 의미로 서약을 해주시기 바라며, 서약 후에는 반드시 지키기 위한 노력을 해주셔야 합니다.

1. 시간에 늦지 않게 옵니다.

2. 하고 싶은 이야기는 솔직하게 합니다.

3. 다른 부부의 이야기도 열심히 들어줍니다.

4. 이곳에서 나눈 이야기는 밖에 발설하지 않습니다.

5. 끝까지 결석하지 않고 참여합니다.

남편 서명 :   부인 서명 :

〈참여자 활동자료 1-3〉

자기소개 양식

다음에 양식에 맞추어 자신을 정리한 뒤 소개를 해주세요. 정답이 있는 것도, 모든 항목을 채워야 할 의무가 있는 것도 아니지만, 가능한 여러 영역에 걸쳐 자신을 소개해 주시면 좋습니다.

운명으로 만난 내 이름은 :

숫자에 불과할 수도 있는 나이는 :

가장 자신 있는 신체 부위는 :

가장 잘하는 것은 :

제일 싫어하는 것은 :

살면서 가장 중요하게 여기는 것은 :

기회가 된다면 꼭 해보고 싶은 것은 :

나를 한 마디로 표현한다면 :

〈참여자 활동자료 1-4〉

부부 관계에 대한 비합리적 신념 척도
(Relationship belief inventory)

> 다음은 부부 관계에 대한 귀하의 생각을 묻는 질문입니다. 각 문항은 정답이 있는 것이 아닙니다. 천천히 읽어 보시고, 본인의 생각에 해당되는 칸에 ☑ 해주시기 바랍니다.

	전혀그렇지않다	그렇지않다	약간그렇지않다	약간그렇다	그렇다	매우그렇다
1. 남편/아내가 나와 다른 의견을 말하는 것은 나를 무시하는 일이다.						
*2. 남편/아내가 내 기분을 모두 알아줄 것이라고 기대하지 않는다.						
3. 결혼 초기에 입었던 마음의 상처는 회복될 수 없다.						
4. 나는 성 관계 시 남편/아내를 충분히 만족시키지 못했다고 생각하면 속상하다.						
*5. 남자와 여자는 기본적으로 같은 정서적 욕구를 가지고 있다.						
6. 나는 남편/아내가 내 의견에 동의하지 않으면 화가 난다.						
*7. 나에게 중요한 것을 남편/아내에게 일일이 설명해야 한다면, 이것은 남편/아내가 내게 무관심하다는 것을 의미한다.						

153

8. 남편/아내는 앞으로도 지금과 다르게 행동할 것 같지 않다.					
*9. 남편/아내는 성 관계를 원할 때, 내가 하고 싶지 않아도 불편한 마음이 들지 않는다.					
10. 부부간의 오해는 대개 남녀가 선천적인 심리적 차이가 있기 때문이다.					
11. 내가 중요하게 생각하는 일에 남편/아내가 동의하지 않으면 인격적으로 무시당하는 기분이다.					
12. 남편/아내가 내 기분을 알아차리지 못해서 일일이 설명해야 할 때, 나는 몹시 화가 난다.					
*13. 부부는 살아가면서 서로의 요구에 더 잘 부응하는 법을 배울 수 있다.					
14. 성적으로 원만한 부부는 필요할 때마다 자신을 성적으로 흥분시킬 수 있어야 한다.					
15. 남자와 여자가 서로를 완전하게 이해하는 것은 불가능하다.					
*16. 남편/아내가 나와 다른 의견을 보여도 나는 괜찮다.					
17. 부부 사이는 말하지 않아도 서로 필요한 것을 잘 알아차릴 수 있다.					
*18. 남편/아내가 나를 속상하게 해왔더라도 앞으로는 그렇지 않을 수 있다.					
19. 남편/아내와의 성관계 때마다 성적으로 만족시켜 주지 못한다면, 나는 나에게 문제가 있다고 생각할 것이다.					
*20. 남자와 여자는 부부 사이에서 기본적으로 같은 것을 원한다.					
21. 남편/아내와 내가 생각하는 방식이 다를 때 나는 몹시 화가 난다.					
22. 내가 꼭 말하지 않아도 남편/아내는 내 기분 변화에 따라 내가 필요한 것을 알아차려야 한다.					
23. 당신에게 한 번이라도 마음의 상처를 준 남편/아내는 훗날 또 그럴 것이다.					
*24. 성 관계 시 남편/아내가 절정에 도달하지 못하더라도 나는 걱정하지 않는다.					

*25. 남녀 간의 생물학적인 차이가 부부 문제의 주된 원인은 아니다.					
26. 남편/아내가 내 의견에 따라주지 않으면 나는 참을 수 없다.					
27. 남편/아내는 내가 꼭 말하지 않아도 내가 무엇을 생각하고 느끼는지 알아야 한다.					
*28. 남편/아내가 변하고 싶어 한다면 남편/아내는 변할 수 있다.					
*29. 남편/아내가 성적으로 충분히 만족하지 못했다는 것이 나의 잘못을 의미하지는 않는다.					
30. 부부 문제의 중요한 원인 중 하나는 남자와 여자가 서로 다른 정서적 욕구를 갖기 때문이다.					
31. 남편/아내와 나의 의견이 서로 맞지 않을 때 부부 사이가 금이 가는 것처럼 느껴진다.					
32. 서로 사랑하는 사람들은 굳이 말하지 않아도 서로의 생각을 잘 안다.					
*33. 만약 부부 관계가 원만하지 못하더라도 나는 앞으로 원만하게 할 수 있다.					
*34. 부부 간의 성 관계에 어려움이 있다고 해서 나에게 문제가 있는 것은 아니다.					
35. 나는 남자/여자 가운데 어떤 사람들은 정말 이해할 수가 없다.					
*36. 우리 부부가 말다툼을 할 때에도 나에 대한 남편/아내의 애정을 의심하지 않는다.					
37. 남편/아내에게 무언가를 부탁해야 한다면 그것은 남편/아내가 내 욕구를 잘 모르고 있기 때문이다.					
38. 남편/아내는 앞으로 변할 수 있을 것 같지 않다.					
39. 내가 성적으로 능숙하지 못한 것 같을 때, 나는 화가 난다.					
40. 남녀는 서로에게 항상 알 수 없는 존재이다.					

*는 역채점 문항

〈참여자 활동자료 1-5〉

개정된 부부 적응 척도
(Revised Adjustment dyadic Scale)

다음은 귀하의 결혼생활에 대한 질문입니다. 다음의 일이 귀하와 배우자 사이에 얼마나 자주 일어나는지 해당하는 곳에 ☑표 해주십시오.

	전혀 그렇지 않다	거의 그렇지 않다	그런 편이다	대체로 그렇다	매우 그렇다
외부의 관심사나 취미 활동을 부부간에 같이 하기					

	단 한 번도 없다	한 달에 한 번 미만	한 달에 한두 번	일주일에 한두 번	하루에 한 번	하루에 몇 번씩
1. 서로를 격려해 주는 생각의 교환						
2. 어떤 계획에 대해 함께 일을 추진하기						
3. 어떤 일에 대해 차분하게 상의하기						

다음은 부부 사이에 의견이 일치할 수도 있고 일치하지 않을 수도 있는 일에 관한 것입니다. 다음 사항에 대하여 귀하와 배우자가 어느 정도 의견 일치가 된다고 생각하는지 해당하는 곳에 ☑표 해주십시오.

	항상 불일치 한다　　　　　　　　　　　　　　　항상 일치 한다
1. 종교적인 문제	1------2------3------4------5------6
2. 애정 표현	1------2------3------4------5------6
3. 중요한 의사결정	1------2------3------4------5------6
4. 부부간의 성생활	1------2------3------4------5------6
5. 상황에 따라 옳다고 생각하는 행동방식	1------2------3------4------5------6
6. 직장 결정	1------2------3------4------5------6

제2회 서로에 대한 인식 점검하기
⟨내가 알고 있는 당신⟩

(1) 선정 자료

① 가구 : 『담쟁이』 / 도종환 지음 / 시인생각

이 시집은 '접시꽃 당신'으로 큰 인기를 얻은 도종환 시인께서 30년 간 발표한 시 가운데 가장 아끼는 50편을 골라서 엮은 것이라고 한다. 그 중 제2회를 위해 선정한 시 '가구'는 오래 묵은 습관들을 담은 채 자기 자리에서 열심히 일을 하고 있을 뿐 서로 소통하고 있지 않은 부부의 모습을 담고 있다. 그래서 서로를 가장 잘 안다고 생각하지만 꼭 그렇지도 않은 부부 관계를 이 시를 통해 점검하고자 선정했다. 시의 전문은 ⟨참여자 활동자료 2-1⟩에 제시했다.

(2) 관련 활동

① 내가 알고 있는 당신

내가 알고 있고, 느끼고 있는 배우자는 어떤 사람일까? 좋아하는 것과 싫어하는 것, 내게 바라는 것과 내게 포기한 것, 마지막으로 꿈꾸는 가정의 모습을 상대방의 입장에서 떠올려 적어보고 함께 이야기 나누기 위한 활동이다. 활동지는 ⟨참여자 활동자료 2-2⟩에 제시했다.

〈참여자 활동자료 2-1〉

가 구

도종환

아내와 나는 가구처럼 자기 자리에
놓여 있다 장롱이 그렇듯이
오래 묵은 습관들을 담은 채
각자 어두워질 때까지 앉아 일을 하곤 한다

어쩌다 내가 아내의 문을 열고 들어가면
아내의 몸에서는 삐이걱 하는 소리가 난다
나는 아내의 몸속에서 무언가를 찾다가
무엇을 찾으러 왔는지 잊어버리고
돌아나온다 그러면 아내는 다시
아래위가 꼭 맞는 서랍이 되어 닫힌다

아내가 내 몸의 여닫이문을
먼저 열어보는 일은 없다
나는 늘 머쓱해진 채 아내를 건너다보다
돌아앉는 일에 익숙해져 있다

본래 가구들끼리는 말을 많이 하지 않는다
그저 아내는 방에 놓여 있고
나는 내 자리에서 내 그림자와 함께
육중하게 어두워지고 있을 뿐이다.

「담쟁이 / 도종환 지음 / 시인생각」

〈참여자 활동자료 2-2〉

내가 알고 있는 당신

내가 알고 있고, 느끼고 있는 배우자는 어떤 사람일까요? 아래 항목에 채우고 함께 이야기를 나누어 봅시다.

좋아하는 것	
싫어하는 것	
내게 바라는 것	
내게 포기한 것	
꿈꾸는 가정의 모습	

제3회 성장 과정 이해하기 1 – 아동·청소년기
〈인생선 그리기〉

　한 사람을 제대로 이해하기 위해서는 그에 대해 많은 것을 알아야 한다. 그 중 아동 및 청소년기는 초기 시절이기 때문에 어리고 미약해서 스스로 할 수 있는 영역이 제한되지만, 그렇기 때문에 양육을 통해 많은 것을 습득하고 자아를 채워 나가야 하는 중요한 때라고 할 수 있다.
　부부 사이에도 서로의 어린 시절을 이해하는 것은 매우 중요하다. 부부는 서로의 결핍된 부분을 채워줄 수 있을 것 같은 사람과의 결합이다. 하지만 살아가다 보면 자신의 욕구가 중요하기 때문에, 상대를 자신에게 맞추려고 한다. 그 과정에서 갈등이 생기기 때문에, 과연 저 사람의 욕구는 어떤 맥락에서 형성이 된 것인가를 이해하는 것은 매우 중요하다. 제3회는 성장 과정의 초기라고 할 수 있는 아동 및 청소년기를 이해할 수 있도록 돕는데 목표가 있다.

(1) 선정 자료
①『고향의 봄』 / 이원수 지음, 김동성 그림 / 파랑새
　아동문학가 이원수 선생님이 가사를 쓰고 홍난파 작곡가가 곡을 붙여 만든 동요 '고향의 봄'의 그림책 버전이다. 누구에게나 있는 고향에 대한 기억, 그 속에 담긴 그리움 등을 함께 나누고 싶은 마음에 선정한 책이다.

② 어린 시절의 사진
　과거의 사진을 프로그램에서 사용하는 것은 지난 추억을 회상하는데 도움을 받기 위해서이다. 사진은 찰나의 기록이지만 시간이 흐른 뒤 꺼내 보면 많은 이야기도 함께 떠올릴 수 있는 신기한 힘을 갖고

있다. 따라서 어린 시절의 사진을 통해 과거에 겪은 일들, 그와 함께 기록된 이야기들을 듣고 싶은 마음에 선정한 자료이다.

(2) 관련 활동

① 인생선 그리기

활동지는 〈참여자 활동자료 3-1〉에 제시했다.

〈참여자 활동자료 3-1〉

인생선 그리기

다음의 선은 여러분들이 살아온 인생을 표현하기 위한 것입니다. 먼저 왼쪽 아랫부분에 0, 오른쪽 아랫부분에는 현재 나이를 숫자로 적으십시오. 이어서 가운데 선을 중심으로 행복했거나 좋은 기억은 위쪽에, 반대의 기억은 아래쪽에 표시해 주십시오. 가장 기억에 남는 일을 중심으로 표현해도 되고, 전반을 그래프 형태로 표시해도 됩니다.

제4회 성장 과정 이해하기 2 – 성인기
〈성인기의 자화상 콜라주로 표현하기〉

어린 아이였을 때는 어른이 되면 쉽게 상처받지 않을 거라고 생각했다. 그러나 어른이 된다는 것은 자신이 상처받기 쉬운 존재라는 것을 받아들이는 일이다. 살아 있다면 수시로 상처 받을 수밖에 없다.

- 매들린 렝글

(1) 선정 자료

① 그 아이의 연대기 :『너무 멀리 걸어왔다』/ 박철 지음 / 푸른숲

연대기는 연대의 차례를 따라서 주요한 사실을 적어 놓은 것을 말한다. 따라서 이 시는 박철 시인 자신에게 있었던 일들 가운데, 중요하다고 여겼기 때문에 잊지 않고 기억하던 것을 정리한 것이라고 할 수 있다. 시의 전문은 〈참여자 활동자료 4-1〉에 제시했다.

② 서른 즈음에 : 김광석 Best / 강승원 작사·작곡, 김광석 노래 / CJ E&M

서른 즈음, 이후 서른이 한참 지난 뒤에도 읊조리게 되는 노래이다. 언제까지나 머물러 있을 청춘인 줄 알았는데, 매일 오늘과 이별하며 내일을 맞이하는 일상 속에 존재 의미와 삶의 의미를 찾아가는 사람들에게 생각할 거리를 던져준다. 노래 가사는 〈참여자 활동자료 4-2〉에 제시했다.

(2) 관련 활동

① 성인기의 자화상 콜라주로 표현하기

참여자들은 어느덧 성인기, 그것도 중년기에 접어든 자신을 어떻게 바라보고 있을까? 이 활동은 콜라주를 통해 자신의 모습을 표현해 보기 위한 것이다. 치료사는 표현을 마친 참여자들로부터 각 작품에 대

한 설명을 들어보고, 그 안에서 어떤 의미가 발견되면 해석을 해줄 수 있다. 하지만 조심스러운 부분이기 때문에 충분하다 싶지 않으면 경청과 공감 정도에서 멈추는 것이 좋다.

〈참여자 활동자료 4-1〉

그 아이의 연대기

박철

1959년 12월 어느 날
음력 섣달 그믐, 하얗게 눈 쌓이던 날에
뒷산에서 부엉이 울고 방 따뜻하던 날
한 사내아이 태어나 울다
우는 아이 보고 모두 웃다

1963년 5월 어느 날
김포벌판의 끝, 활주로 위로 비행기 날다
아이는 그 큰 새를 바라보며 힘차게 울다
할아버지 논둑에 나와 곰방대에 불을 붙일 때
발 아래 노랗게 핀 민들레 보고 울음을 그치다

1965년 7월 어느 날
뚝방에 앉아 누이의 벗은 몸을 보다
서넛이 코를 움켜쥐고 물 속으로 뛰어들다
한참만에 떠오르는 누이를 보고 아이 울다
누이의 손을 잡고 소를 몰며 돌아오다

1968년 8월 어느 날
때까치 집에 오르다 떨어져 울다

낮잠에 때까치 나타나 아이의 머리를 쪼다
저녁 먹고 삼촌따라 들길로 나가 어떤 여자 만나다
둘이 시시덕거리는 동안 아이 별을 세다

1969년 9월 어느 날
메뚜기 볶아 먹다 기름병 깨뜨리다
회초리 맞고 아이 울다
붕어 잡아 고추장에 찍어 먹고
들에 나가 뜸부기알 주워서 칭찬받다

1972년 2월 어느 날
뒷산에 철조망 쳐지고 '입산금지' 팻말 붙다
철조망 뚫고 올라가서 놀다가 군인에게 걸리다
내무반에서 벌 서고 아이 울다
라면 얻어 먹고 내려와 다신 산에 안 가다

1975년 8월 어느 날
뚝방에 수영금지 팻말 붙고 물 색깔 변하다
할아버지 돌아가시고 아이 울다
농약 중독이란 말 뜻 모르고
농사를 대신 지으리라 아이 결심하다

1978년 2월 어느 날
여지 친구 데려와 밤에 논길을 걷다
아직 별 반짝이고 들판에 풀냄새 나지만
벼 베인 논엔 코카콜라병 굴러다니다
안녕이란 말 듣고 아이 뚝방에서 울다

1980년 4월 어느 날
새마을 운동으로 동네 홀딱 뒤집히다
듣도 보도 못하던 물 동네 앞에 흐르다
대학1학년, 아이 교문 나서다 최루탄 연기에 울다
동네 사람들 하나 둘씩 마을 떠나다

1982년 5월 어느 날
아직 참새 몇 마리 마당가에서 놀고
신작로 아스팔트 깔리다
방위병 되어 얻어터지고 아이 울다
외지 사람들 들어와 큰 집 짓고 도사견 기르다

1985년 6월 어느 날
옛 친구 고향 찾아 구멍가게에서 맥주 마시다
공장 다니는 그 친구와 술에 취해 이유 없이 아이 울다
뒷산에 소나무 하나 둘씩 죽어 가다
물가에 죽은 고양이 썩어 가다

1987년 12월 어느 날
첫 출근 위해 정류장에 서다
버스 오지 않고 물가에 악취 풍기다
첫눈 오시는 날 꿈 속에서 새의 울음소리 듣다
아이 더 이상 울지 않다

1989년 7월 어느 날
길 넓혀지고 창문 열지 못하다
손바닥만한 땅 팔리고 거간꾼 늘어붙다

뒷산 깍이고 아파트 들어서다
이곳 저곳 땅 때문에 형제들 싸우다

1991년 4월 어느 날
아이 장가들어 아내 데리고 들길로 나가다
맑은 물 흐르던 곳
아무리 설명해도 아내 믿지 않다
아내, 땅 판 것만 아쉬워하다

1992년 6월 어느 날
마을에 공장 들어서다
아이, 아이를 낳고 그 아이 데리고 물가로 가다
아이의 아이, 물 빛은 원래 검은 빛으로 알다
생수값으로 아내와 다투다

1995년 3월 어느 날
아이 실직하고 돌아와 농사를 그리워하다
아내와 아이의 아이 울다
꿈 속에 아이, 때까치 소리 듣다
우물가에서 맑은 물 한 잔 얻어 먹는 꿈꾸다

「너무 멀리 걸어왔다 / 박철 지음 / 푸른숲」

〈참여자 활동자료 4-2〉

서른 즈음에

강승원 작사·작곡, 김광석 노래

또 하루 멀어져 간다 내뿜은 담배 연기처럼
작기만한 내 기억 속에 무얼 채워 살고 있는지

점점 더 멀어져 간다 머물고 있는 청춘인 줄 알았는데
비어가는 내 가슴 속엔 더 아무 것도 찾을 수 없네

계절은 다시 돌아오지만 떠나간 내 사랑은 어디에
내가 떠나보낸 것도 아닌데 내가 떠나 온 것도 아닌데

조금씩 잊혀져 간다 머물러 있는 사랑인 줄 알았는데
또 하루 멀어져 간다 매일 이별하며 살고 있구나
매일 이별하며 살고 있구나

점점 더 멀어져 간다 머물러 있는 청춘인 줄 알았는데
비어가는 내 가슴 속엔 더 아무 것도 찾을 수 없네

계절은 다시 돌아오지만 떠나간 내 사랑은 어디에
내가 떠나보낸 것도 아닌데 내가 떠나 온 것도 아닌데

조금씩 잊혀져 간다 머물러 있는 사랑인 줄 알았는데
또 하루 멀어져 간다 매일 이별하며 살고 있구나
매일 이별하며 살고 있구나

「김광석 Best / 강승원 작사·작곡, 김광석 노래 / CJ E&M」

제5회 결혼 과정 회상하기
⟨결혼 과정 도식화하기⟩

'세기의 결혼식'으로 불리며 많은 사람들의 관심에 놓여 있는 만남과 결혼이 있다. 그 결혼에는 드라마틱한 만남과 우여곡절이라는 말로 정리할 수 있는 과정이 함께 한다. 하지만 드디어 결혼에 골인을 함으로써 그동안의 고생에 보답이 될 수 있을 화려한 미사여구를 부여받게 된다.

본 프로그램에 참여하는 부부들에게는 결혼까지의 과정에 어떤 이야기가 있을까? 연애를 할 때와는 달리 양가 상견례를 마치고 본격적으로 결혼을 준비하는 과정에서는 많이 다툰다고 하는데 정말 그랬을까? 만약 그랬다면 어떤 측면 때문에 다투었고, 그것을 어떻게 이겨내고 결혼에 골인할 수 있었을까?

이번 시간은 참여자들에게 이미 먼 추억으로 남아 있을 결혼 과정을 회상하도록 돕는데 목표가 있다. 이 과정은 어떤 부부에게는 서로에 대한 애틋함을 불러일으킬 것이고, 또 다른 부부에게는 후회라는 감정을 떠올리게 할 수도 있다. 그럼에도 뽀얀 먼지가 앉은 사진첩을 열어보고자 한다.

(1) 선정 자료

① 사랑에 빠진 암소와 호랑이 : EBS-TV 지식채널 ⓔ / EBS-TV

풀을 먹는 초식동물 암소와 고기를 먹어야 하는 육식동물 호랑이가 결혼을 한다면? 현실적으로 불가능한 일이지만, 이 영상에서는 암소와 호랑이를 의인화해서, 남녀가 사랑에 빠져 결혼을 하고 살아가는 과정을 실감나게 보여준다. 결혼생활을 하는 암소와 호랑이에게 생기는 문제는 비단 좋아하는 음식에 국한될까?

② 결혼에 대하여 : 『외로우니까 사람이다』 / 정호승 지음 / 열림원

이 시는 결혼을 준비하고 있는 사람들에게 읽어주면 도움이 될 것 같다. 그러나 반대로 이미 결혼생활을 하고 있는 부부들에게는 한탄과 후회, 서로에 대한 비난을 유발시킬 수도 있다. 그럼에도 이 시를 선택한 이유는 연애시절과 결혼 과정에서 서로에게 가졌던 마음과 자세를 현재도 유지하고 있는지 점검을 해보셨으면 하는 바람 때문이었다. 어차피 결혼을 통해 가정을 꾸리고 아이를 낳아 부모로서 성장해 가는 과정은 어느 한 사람만의 몫이 아니다. 서로 이해를 해야 하고 때로는 외로움도 견뎌야 한다. 서로에게 완벽한 사람, 완벽한 결혼, 완벽한 가정, 완벽한 부모는 없겠으나, 결혼에 대하여 다시금 생각해 볼 수 있는 시라고 판단되어 선정했다. 시의 전문은 〈참여자 활동자료 5-1〉에 제시했다.

(2) 관련 활동

① 결혼 과정 도식화하기

본 활동은 결혼에 이르기까지 겪은 일들을 마치 마인드맵을 하듯 펼쳐 놓을 수 있도록 구성한 것이다. 따라서 주제는 '결혼'이며, 부부가 협의하여 자유롭게 가지를 뻗어 떠오르는 일들을 기술하면 된다. 활동지는 〈참여자 활동자료 5-2〉에 제시했다.

〈참여자 활동자료 5-1〉

결혼에 대하여

정호승

만남에 대하여 진정으로 기도해온 사람과 결혼하라
봄날 들녘에 나가 쑥과 냉이를 캐어본 추억이 있는 사람과 결혼하라
된장을 풀어 쑥국을 끓이고 스스로 기뻐할 줄 아는 사람과 결혼하라
일주일 동안 야근을 하느라 미처 채 깎지 못한 손톱을 다정스레 깎아주는 사람과 결혼하라
콧등에 땀을 흘리며 고추장에 보리밥을 맛있게 비벼먹을 줄 아는 사람과 결혼하라
어미를 그리워하는 어린 강아지의 똥을 더러워하지 않고 치울 줄 아는 사람과 결혼하라
가끔 나무를 껴안고 나무가 되는 사람과 결혼하라
나뭇가지들이 밤마다 별들을 향해 뻗어나간다는 사실을 아는 사람과 결혼하라
고단한 별들이 잠시 쉬어가도록 가슴의 단추를 열어주는 사람과 결혼하라
가끔은 전깃불을 끄고 촛불 아래서 한 권의 시집을 읽을 줄 아는 사람과 결혼하라
책갈피 속에 노란 은행잎 한 장쯤은 오랫동안 간직하고 있는 사

람과 결혼하라

밤이 오면 땅의 벌레 소리에 귀 기울일 줄 아는 사람과 결혼하라

밤이 깊으면 가끔은 사랑해서 미안하다고 속삭일 줄 아는 사람과 결혼하라

결혼이 사랑을 필요로 하는 것처럼 사랑도 결혼이 필요하다

사랑한다는 것은 이해한다는 것이며

결혼도 때로는 외로운 것이다

「외로우니까 사람이다 / 정호승 지음 / 열림원」

〈참여자 활동자료 5-2〉

결혼 과정 도식화하기

여러분은 미혼이었던 시절 현재의 배우자를 만나 결혼에 골인을 했습니다. 그렇다면 서로의 입장에서 결혼을 하기까지의 과정을, 그 내용을 바탕으로 이야기를 나누어 봅시다.

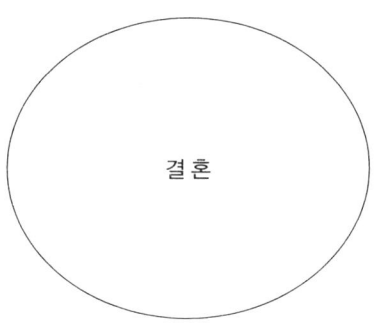

제6회 부부 사이 갈등 점검하기
〈서로가 지각하는 갈등 요인 점검〉

　다음의 글은 '월간 불광' 224호에 실린 이근후님의 글 '[사람들] 부부는 무촌(無村) : 결혼 가정 행복의 장'에서 가져온 것이다. 부부 사이의 일은 부부 외에는 모른다고 하고, 저마다 다른 모습을 한 편의 글로 갈무리 할 수는 없겠으나, 참고를 할 부분이 있는 글이라 판단되어 옮겨본다.

　부부, 촌수가 있는 관계일까 촌수가 없는 관계일까. 서로 사랑하여 취하면 가슴을 맞대고 모든 것을 용납하지만 서로가 등을 돌리면 남보다 못한 촌수다. 촌수가 없이 가깝다는 것을 증명해 주는 우리나라 속담으로 "곯아도 젓국이 좋고 늙어도 영감이 좋아."는 말이 있고 나아가선 "내외의 싸움을 칼로 물 베기"란 말도 있다. 사람이 아무리 늙어도 배우자만 한 이가 없고 서로 원수처럼 싸울 때도 있지만 그 또한 흔적도 없이 곧 화합을 하니 가까운 사이가 아니고선 보기 힘든 행동들이다.

　반면에 백년 원수 같다는 시각도 있다. 역시 프랑스의 속담에 "하느님이 사람을 만들고 악마가 부부를 만든다."거나 "귀머거리 남편과 눈먼 아내가 가장 행복한 부부"란 역설적인 덴마크의 속담도 있는 것을 보면 부부가 만만찮은 촌수를 지니고 있음이 분명하다. 그래서 부부는 가까울 땐 가까워서 무촌이지만 서로 헤어지고 나면 남남이 되니깐 또한 무촌인 관계다.

　부부가 일생을 두고 행복하게 살아가고자 원하지만 이런 소망을 그냥 결혼을 했대서 자연적으로 이루어지는 것이 아니다. 부부란 두 개의 반신이 되는 것이 아니고 하나의 전체가 되는 행위이기 때문에 그 하나로 융해되어 새롭게 태어나자면 그만큼의 진통은 너나없이 겪게 마련이다.

버트란트 럿셀이 갈파한 한 문장을 소개해 본다.

"결혼에서 누가 고통을 주는 자가 되고 누가 고통을 받는 자가 될 것인가. 경쟁하는 것을 보면 끔찍해집니다. 대개 2~3년이면 그 문제가 정해지고 그것이 정해진 연후에는 하나는 행복을 다른 하나는 덕을 갖게 됩니다. 그래서 고통을 주는 자는 능청스럽게 웃으면서 결혼생활의 행복을 이야기하고 희생자는 더 나쁜 사태를 두려워해서 처참한 동의를 미소로 표현합니다."

부부간의 힘의 역동이 어디로 작용하며 치우치느냐에 따라서 행복을 느끼는 자, 덕을 갖게 되는 자로 나누어진다는 뜻이다. 이런 힘의 역동성은 물론 부부 각자의 인격의 잠재된 정서양식과 무관하지 않다. 성격이 발달한 바탕이 다르고 그 성격을 바탕으로 배우자에게 희구하는 욕구가 서로 다르다. 이런 서로 다른 욕구가 사랑이란 이름아래 서로 결합하지만 상충된 욕구로 인해 발생하는 갈등은 한쪽은 행복을 다른 한쪽은 덕을 남길 수도 있다. 여기에까지 이르지도 못하는 부부는 상충된 갈등의 폭을 좁히지 못하고 영영 남인 무촌관계로 갈라서고 만다. 두 사람 사이의 갈등이 심화되어 적개심으로 팽배되어 있다면 오히려 남만 같지 못한 상태이다.

바람직한 부부생활을 어떻게 꾸려볼까 하는 소망을 부부이면 누구에게나 있는 것이지만 실상 '어떻게' 하는 방법론에선 왕도가 없다. 이는 그만큼 개개인이 갖는 성격상의 감정양식이 다르기 때문에 규격화하여 설명하기가 어렵다는 뜻일 뿐 방법이 없는 것은 아니다. 만일 방법이 없다면 얼마나 많은 부부들이 막다른 벼랑에 서서 남남이 되겠는가.

첫째, 부부생활을 평생 지속시켜야 한다는 전제를 가져야 한다. 부부간에 갈등이 심화되면 쌍방이 서로 '이 사람과 만나지 않았었다면…' 하는 상상에 쉽게 빠져든다. 만일 그렇다면 '지금보단 나은 부부생활을 할 수도 있지 않았을까' 하는 공식을 쉽게 믿으려고 한다. 부부관계를 평생토록 지속시켜야겠다는 확고한 의지가 있다면 어떤 심각한 갈등도 융해될 수 있기 때문에 우선 쌍방이 그런 의지를 분명히 할 필요가 있다.

두 번째로는 부부의 상호관계성을 헤아려야 한다. 결혼이란 두 사람이 모여 이루는 최소의 사회적 단위이기 때문에 어느 한쪽의 일방적인 욕구대로 흘러가지 못한다. 럿셀이 지적했듯이 힘의 흐름에 따라 평행이 잡혀 가는 것이다.

결혼의 배우자를 자신의 욕구를 충족시키는 대상으로만 생각한다면 그것은 이미 배우자가 아니다. 노예이거나 꼭두각시에 불과할 것이다. 내가 배우자에게 갖는 욕구와 기대가 있다면 당연히 배우자도 나에게 욕구와 기대를 갖게 마련이다. 그렇게 때문에 나의 욕구를 충족하는 대신에 배우자가 원하는 욕구를 충족시켜 주어야 할 희생은 감수하지 않는다면 진정한 부부관계라고 할 수가 없다.

결혼은 부부관계에서 발생하는 갈등과 부담을 최소화할수록 가까운 촌수가 되고 최소화에 실패한다면 먼 촌수가 되고 말 것이다. 이런 의무적인 노력은 쌍방에게 공평하게 부여되는 부담이라고 말할 수 있겠다.

세 번째로는 서로의 약속을 지켜야 한다. 부부가 된다는 것은 사랑을 바탕으로 한 친밀감의 결실이기도 하지만 종종 혼외정사와 같은 약속위반 때문에 친밀감을 상실할 때가 있다. 아무리 타인과 친밀한 관계에 있다고 하더라도 배우자와의 성관계 이외의 관계는 배타적이어야 한다. 이런 서약은 결혼을 할 때 묵시적으로 서로하게 된다. 결혼이란 사회적 관습이 이미 타인과의 성에 대한 배타성을 강력히 요구하고 있으며 부부 서로는 이를 지키겠다고 약속을 한다. 혼외정사는 대개 모든 갈래의 갈등을 오로지 성적 행동으로만 풀어가려고 할 때 발생하기 쉬운 행동이란 것을 간과하지 말아야 한다.

네 번째로는 부부간에 합의점 또는 관계에서 발생하는 결과는 공평하게 공유해야 한다. 내 몫이다 네 몫이다 하고 따질 것은 아니지만 결과는 언제나 공유해야 한다. 흔히 예식장에선 부부에게 이르는 말로 '즐거울 때나 슬플 때나' 언제나 함께 할 것을 당부하지만 결과를 공평하게 공유하지는 못하는 것 같다. 이런 부부사이의 괴리는 갈등을 더욱 심화시키거나 결혼 자체를 평생 지속시킬 가치가 있는 것일까 하는 의문에 쉽게 빠져들게 만든다.

마지막으로 한 가지 첨부한다면 대화를 통해 서로를 읽을 수 있어야 한다. 오랜 결혼생활에도 불구하고 배우자가 나에게 무슨 메시지를 보내는지조차 알 수 없다면 부부관계를 바람직하게 이끌어 갈 수가 없다. 표정이나 손짓, 몸짓, 행동 등은 말이 아니더라도 의미를 지니는 것이기 때문에 그 뒤에 숨어 있고 뜻을 이해하는데 쌍방이 노력해야 한다. 부부사이에만 중계되는 특수한 사이클을 맞추어 놓아야 한다는 뜻이다. 부부관계는 일반적이고 사전적인 의미만은 지니는 언어뿐만 아니라 그들 두 사람만의 은밀한 언어도 갖고 있어야만 한다. '척하면

척' 하는 관계는 역시 비언어적 또는 언어적 교통을 통해 두 사람만이 가꾸어야 하는 과제다.

(1) 선정 자료

① 『설탕엄마 소금아빠』 / 디디에 코바르스키 글, 사무엘 리베롱 그림, 류일윤 옮김 / 글뿌리

믿음과 소망과 사랑 가운데서도 제일은 사랑이라고 한다. 그런데 그 사랑의 시작과 완성은 대상에 대한 온전한 이해로부터 시작된다는 것을 아는 사람은 많지 않은 것 같다. 그만큼 그 사람을, 또는 그 대상을 그 자체로 본다는 것이 쉽지 않음을 알 수 있는 현상인데, 이 책은 설탕과 소금으로 대비된 엄마와 아빠의 다름과, 그에 대한 인식 과정을 거쳐 진정한 사랑으로 거듭난다는 내용을 담고 있다. 설탕으로 만들어진 설탕엄마는 자연 설탕과 관계된 음식을 좋아하고, 소금으로 만들어진 소금아빠는 생선 등 소금과 함께 먹으면 좋을 음식들만 좋아한다. 이렇듯 생김새부터 다른 두 사람은 결국 서로의 차이를 몰라 헤어지게 된다. 소금으로 만든 집으로부터 떠나온 설탕엄마는 따로 진흙집을 지어 생활하지만 소금아빠가 곁에 없어 행복하지 않았다. 그래서 소금아빠를 찾아갔지만, 소금아빠는 다시 돌아가라며 문전박대를 한다. 그러던 어느 날, 많은 비로 인해 소금아빠의 집은 모두 녹아 버리고, 소금 아빠 역시 물에 흠뻑 젖는다. 결국 설탕엄마를 찾아 온 소금 아빠는 따뜻한 키스를 나누게 되고, 녹아 버린 아빠의 입술 때문에 둘의 입맛이 바뀌어 버린다. 그제야 두 사람은 서로의 처지를 이해하게 되고, 더욱 큰 사랑을 할 수 있게 된다. 설탕과 소금, 비슷하면서도 큰 차이가 나는 성분인데, 작가는 재치 있게도 그 점을 잘 살려 의미 있는 이야기를 만들어 냈다.

② 어머니가 지은 시 / 작자미상

　인터넷 검색을 하다가 찾은 시로, 여성인 어머니의 입장을 유쾌하게 담고 있어서 가져온 것이다. 여성에게 있어 남편은 또 한 명의 아들과도 같다는 말을 하는데, 아마 이 시에 등장하는 남편도 마찬가지였던 것 같다. 그래서 여성은 '니 엄마한테 갔으면 좋겠다'고 일갈하는데, 실제 그럴 수는 없겠으나 그만큼 남편을 돌보는 것이 쉽지 않다는 의미를 담은 시라고 생각된다. 따라서 서로가 지각하는 갈등을 촉발시키는 데 적합한 자료라 판단되어 선정을 했다. 시의 전문은 〈참여자 활동자료 6-1〉에 담겨 있다.

(2) 관련 활동

① 서로가 지각하는 갈등 요인 점검

　본 프로그램에 참여한 부부들은 어떤 점에서 서로에게 갈등이 발생한다고 생각할까? 최대 다섯 가지를 적고 함께 이야기 나눌 수 있도록 만든 활동지는 〈참여자 활동자료 6-2〉에 담겨 있다.

〈참여자 활동자료 6-1〉

어머니가 지은 시

작자 미상

나는
아이로 태어나서
소녀로 자라
여자가 됐다가
아내로 변신하고
엄마로 자리잡았다
다시
여자가 되고 싶다

남편은
아이로 태어나서
소년으로 자라
남자가 되어가다가
남편탈을 쓰는 척 하더니
외모만 아빠가 되고
아이로 돌아갔다
니 엄마한테 갔으면 좋겠다

〈참여자 활동자료 6-2〉

서로가 지각하는 갈등 요인

갈등이 발생하는 데에는 여러 요인이 있습니다. 그렇다면 두 사람의 관계에서는 어떤 점들로 인해 갈등이 발생하나요? 내 입장에서 작성해 주십시오.

갈등 요인 1	
갈등 요인 2	
갈등 요인 3	
갈등 요인 4	
갈등 요인 5	

제7회 서로에 대한 욕구 점검하기
〈상대가 바꾸어야 할 점, 내가 바꾸어야 할 점〉

(1) 선정 자료

① 그걸 바꿔 봐 : EBS-TV 지식채널 ⓔ / EBS-TV

한 가지를 바꾸면 긍정적 변화가 천 가지쯤 이어질 수 있다는 메시지를 담은 영상이다. 모두 알고 있으면서 실천은 어려운 측면이어서, 다시 한 번 환기를 시키고자 선택한 자료이다.

(2) 관련 활동

① 상대가 바꾸어야 할 점, 내가 바꾸어야 할 점

갈등 해결은 어느 한 쪽의 노력만으로 기해지지 않는다. 본 활동은 갈등 해결을 위해 상대가 바꾸었으면 하는 점과 더불어 내가 바꾸어야 할 점을 적어 보도록 하는 것이다. 이 과정은 상대에게 요청하기에 앞서 자신을 돌아보는 기회가 될 것이다. 활동지는 〈참여자 활동자료 7-1〉에 담겨 있다.

〈참여자 활동자료 7-1〉

상대가 바꾸어야 할 점, 내가 바꾸어야 할 점

갈등 해결은 어느 한 쪽의 노력만으로 기해지지 않습니다. 따라서 서로의 노력이 필요하지요. 그렇다면 갈등 해결을 위해 상대가 바꾸었으면 하는 점과 더불어 내가 바꾸어야 할 점도 적어 보세요.

상대가 바꾸어야 할 점	내가 바꾸어야 할 점

제8회 갈등 해결 기술 1 - 생각 들어주기
〈마주 대화 나누기〉

부부가 살다가 이혼을 하는 사유는 다양하다. 그렇다면 이혼율 세계 3위라고 하는 우리나라에서는 어떤 이유들이 있을까? '2014년 사법연감'에 따르면 이혼 신청서에 기재된 사유 중 47.2%가 '성격차이'라고 한다. 이 가운데 일부는 다른 사유이지만 그것을 구체적으로 밝히기 어렵기 때문에 가장 흔한 '성격차이'를 기재한 것일 수 있다. 그런 가능성을 염두에 두고 결과를 보더라도 '성격차이'의 비중이 높은 것이 사실이다.

그렇다면 30년 가까이 남남으로 지내다가 만나서 가정을 이룬 어른들이 서로의 성격이 다르다는 것을 몰라서 결국 이혼에 이르게 된 것일까? 물론 끝내 몰랐던 부분도 있었겠지만, 혹은 인내심의 차이로 인해 이혼으로 바로 간 경우도 있겠으나, 갈등에 봉착했을 때 그것을 해결해 나가는 기술이 부족했던 것은 아닐까 싶다. 즉 마주 앉아 서로 이야기를 나누며 생각을 들어보고 협의해 가는 기술이 필요한데, 그 부분이 충분하지 못했던 것은 아닐까 싶다.

그래서 제8회는 갈등 해결 기술을 연마하는 첫 번째 시간으로 서로 마주 앉아 대화를 나누며 생각을 들어주는 것을 목표로 정했다. 오랜 시간 마주 보는 것도 어색하다는 중년의 부부들, 이미 '어색하다'는 말 속에는 서로 대화를 주고받지 않는다는 의미가 포함되어 있다. 따라서 마주 보는 것이 보다 자연스럽게 느껴질 수 있도록 기회를 만들어 주는 것만으로도, 이번 시간은 의미가 있을 것이다.

(1) 선정 자료

① 상대방의 말 중복하기 : 『천만 명의 마음을 울린 세상에서 가장 아름다운 이야기』 / 이옌 지음, 이은희 옮김 / 리베르 /

선정 자료 '상대방의 말 중복하기'의 전문은 〈참여자 활동자료 8-1〉에 제시했다.

(2) 관련 활동

① 마주 대화 나누기

선정 자료에 등장하는 리 사장과 아들이 했던 것처럼, 한 사람이 이야기를 하면 다른 사람은 한 마디도 하지 않은 채 듣고 있다가, 이야기가 끝나면 했던 이야기를 그대로 반복해 보도록 하는 활동이다. 이어서 한 사람의 이야기가 끝나면 역할을 바꾸어 반복을 하면 된다. 각 부부가 이야기를 끝내면 치료사가 개입을 해서 상대의 말을 듣고 있을 때 어떤 생각 혹은 어떤 기분이 들었는지, 들은 사람은 이야기를 그대로 잘 전달했는지 그렇지 않은지, 이 활동을 통해 어떤 것을 알게 되었는지 등에 대해 질문을 하면 된다.

〈참여자 활동자료 8-1〉

상대방의 말 중복하기

리 사장은 타이중에 소재한 수출가공 공장을 경영하고 있는 기업인이다. 그의 공장에는 5, 6백 명의 근로자들과 사무직원들이 있는데, 그는 무엇보다도 직원들을 일사분란하게 움직이게 하는데 능했다.

그러나 어찌된 일인이 자기 아들에게는 어떤 방법도 통하지 않았다. 부자간에 심각한 세대차이가 존재해 얼굴을 마주칠 때면 항상 세 마디도 나누기 전에 말다툼이 벌어졌다.

그날도 리 사장과 밤늦게 귀가한 아들 사이에 전쟁이 벌어졌다. 두 사람 다 화가 나서 귀까지 붉게 물들여가며 언쟁을 벌이는 중에 아들이 갑자기 입을 다물었다. 잠시 후 아들이 또박또박 말했다.

"아빠, 우리 이렇게 싸우다가는 문제가 해결될 리 없어요. 그러지 말고 방금 제가 무슨 말을 했는지 말해보세요. 네?"

"뭐?"

리 씨는 아들이 도대체 무슨 소리를 하는지 영문을 몰랐다.

"네가… 네가 그러니깐… 내가 너무 잘나서 널 무시한다고 했지."

"틀렸어요! 다시 잘 생각해 보세요. 제가 뭐라고 말했는지."

"이 놈이! 그럼 어떻게 말했는데? 네가 한 말을 뭣 하러 나더러 대신 해보라는 거야."

"하하, 그것 보세요. 아빤 처음부터 제가 하는 말을 제대로 듣지 않았잖아요. 방금 한 말은 모두 아빠의 머릿속에서 나온 거라고요. 우리는 대화를 나누어야 하잖아요. 제가 무슨 말을 하면 아빠가 중복해서 제게 들려주세요. 아빠가 하는 말은 제가 중복해서 들려드릴게요."

"그렇게 한가한 시간이 어디 있어? 네가 지금 나를 약 올리기로 작정을 했구나!"

"아빠, 그러지 말고 우리 한번만 해봐요. 그러지 않으면 우리 싸움은 끝이 안 날 걸요. 다시 자세히 생각해 보세요. 제가 뭐라고 했는지."

리 사장은 잠시 생각해보다가 마침내 "정말 생각이 안 난다. 네가 다시 말해 봐."라고 말했다.

"좋아요! 저는 이렇게 말했어요. '아버지가 유능해서 매우 존경스럽지만 한편으로는 아버지의 기대에 못 미칠까봐 두려워 정신적인 부담감이 커요!'라고 말했어요."

리 사장은 다시 듣고 보니 틀린 구석이 없는 말인데 자신이 무엇 때문에 그렇게 흥분을 했을까 하고 생각했다. 그리하여 그날 밤 두 사람은 처음으로 두 시간 동안 싸우지 않고 대화를 나눌 수 있었다.

다음날 아침 리 사장은 비록 잠은 잘 못 잤지만 매우 상쾌한 기분으로 출근했다. 아침에 중대한 구매 안을 논의하는 회의가 열렸다. 회의에서 장차 천만 위안 어치의 기기를 구매해야 하는데, 미국 제품을 사야할지, 아니면 일본 제품을 사야할지 결정해야 한다. 구매부의 가격 조사에 의하면 일본제품은 가격이 싸고 품질도 나쁘지 않지만 총 엔지니어는 미국 제품을 구매하자고 주장했다.

리 사장은 회의에서 총 엔지니어에게 의견을 발표하도록 했다. 그러나 총 엔지니어는 지금까지의 경험에 비추어 볼 때 자신에게 의견을 묻는 것은 분명 형식적인 절차에 불과하다고 생각했다. 그는 사장의 입장에서는 당연히 싼 물건이 좋을 테고, 그러니 마음속으로는 이미 결론을 내렸을 거라고 생각하여 짧게 몇 마디 의견을 말한 뒤 자리에 앉았다. 평소 같았으면 지금쯤 리 사장은 벌써 근엄하게 결론을 선포했을 것이다. 그런데 오늘은 달랐다.

"총 엔지니어의 의견을 내가 다시 말해보겠소. 내 말이 맞는지 잘 들어보시오. 일본 제품은 가격이 싸고 품질도 괜찮지만 만일 고장이 생겨 애프터서비스가 필요한 경우를 감안하면 미국 제품을 사는 것만 못하다. 언어 문제 때문에 그곳 기술자와 직접 교류할 수 없으니까 말이오. 설령 통역을 통한다 해도 워낙 정밀 기계분야라 한계가 있어 문제 발생 원인을 정확히 알 수 없으며, 그쪽 기술자가 직접 와서 고쳐준다 해도 그 기간 동안 우리는 생산에 차질을 빚을 수밖에 없다. 그러니까 미국 제품을 사는 것이 장기적으로 볼 때 훨씬 이익이다. 이 말이 맞나요?"

그러자 총 엔지니어는 자신의 의견을 열심히 들었다는 사실이 기뻐서 보충 설명을 했다. 그리고 회의에 참석한 사람들이 너도나도 적극적으로 의견을 발표하여 이를 통해 가장 합리적인 결론을 얻게 되었다.

만일 싸우려고 한다면 두 사람이 서로 거침없이 반격만 가하면 됩니다. 그러나 문제를 해결하는 것이 목적이라면 진심으로 상대방의 생각을 이해하도록 해야 합니다. 상대방의 말을 중복하면 우선 두 사람 사이에 오해가 없다는 사실을 상대방에게 전달할 수 있으며, 두 번째로는 반격을 가하거나 급하게 결론을 내리기 전에 상대방의 의견에 대해 생각할 시간을 벌 수 있습니다. 그러면 더 이상 싸움은 진행되지 않고 서로 적극적인 대화를 통해 웃으며 해결방법을 찾을 수 있습니다.

「천만 명의 마음을 울린 세상에서 가장 아름다운 이야기 /
이엔 지음, 이은희 옮김 / 리베르」

제9회   갈등 해결 기술 2 - 마음 받아주기
〈마음의 집 표현하기〉

(1) 선정 자료

① 『마음의 집』 / 김희경 글, 이보나 흐미엘레프스카 그림 / 창비

필자가 독서치료 장면에서 가장 많이 활용한 자료 가운데 하나이다. 사람의 마음을 집에 비유한 구성이 적절하면서도 친근감까지 불러 일으켜, 내 마음의 집을 표현하는 활동에서도 꽤 큰 효과를 가져다준다. 본 프로그램에서는 부부 각자의 마음의 집에는 어떤 감정들이 담겨 있는지 점검하고, 그것을 표현함으로써 서로를 알아주는데 활용하기 위해서 선정했다.

② 『마음을 버리지 않으면』 : 『고통의 축제』 / 정현종 지음 / 민음사

결국 마음도 비워야 다른 마음이 찰 수 있다는 것을 알려주는 시이다. 지금 내 속에는 너무 내 마음만 가득한 것은 아닌지 생각해 볼 수 있는 시여서 제9회를 위해 선정한 자료이다. 시의 전문은 〈참여자 활동자료 9-1〉에 제시했다.

(2) 관련 활동

① 마음의 집 표현하기

내 마음의 집에는 어떤 감정들이 살고 있을까? 〈참여자 활동자료 9-2〉는 각 참여자에게 분양할 집의 평면도이다. 거실에는 현재 자신을 지배하고 있는 감정, 침실에는 굳이 드러내고 싶지 않은 감정, 화장실에는 버리고 싶은 감정, 베란다에는 환기시키고 싶은 감정을 적으라는 제시어를 주고, 작성이 끝나면 이유와 함께 각 감정들에 대한 이야기를 들어보도록 하자.

〈참여자 활동자료 9-1〉

마음을 버리지 않으면

정현종

주고받음이 한 줄기
바람 같아라
마음을 버리지 않으면
차지 않는 이 마음.

내 마음의 공터에 오셔서
경주를 하시든지
잘 노시든지
잠을 자시든지……

굿나잇.

「고통의 축제 / 정현종 지음 / 민음사」

〈참여자 활동자료 9-2〉

마음의 집 구성하기

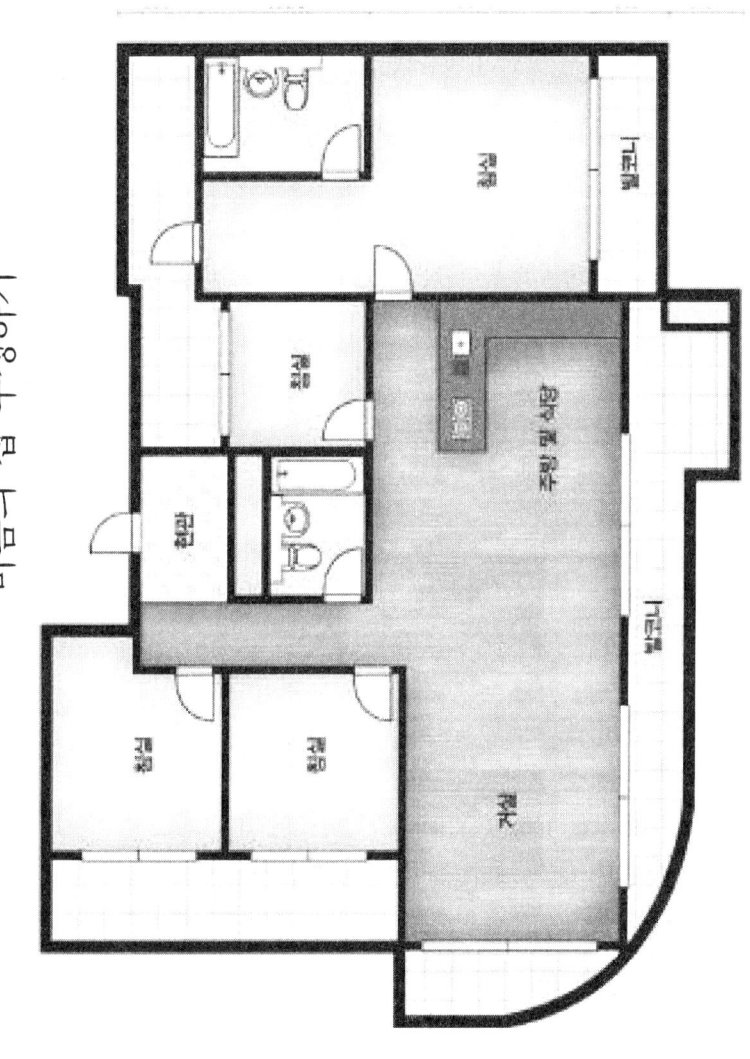

제10회 갈등 해결 기술 3 – 행동 감싸주기
〈안기기, 안아주기〉

주부들은 남편이 마음에 들 때는 밥 먹는 모습이 예뻐 보이지만, 마음에 들지 않을 때는 밥 먹는 모습조차도 꼴 보기가 싫다는 말을 한다. 즉, 평소에는 괜찮아 보이던 행동도 마음 상태에 따라 달라질 수 있다는 말이다. 물론 이런 현상은 남편의 입장에서도 마찬가지일 텐데, 제10회의 목표는 서로의 행동을 감싸주기이다. 항상, 어떤 경우라도 상대의 행동이 예뻐 보일 수는 없지만, 일단 밉게 바라보기 전에 상대방으로부터 이유라도 들어볼 수 있다면 갈등 발생 확률은 그만큼 낮아질 것이다.

(1) 선정 자료

① 안기기, 안아주기 : 『당신이 있어』 / 이병철 지음 / 민들레

농민 운동가라 불리는 이병철 시인의 시집에 담겨 있는 시이다. 시집에 담긴 시들은 '당신'을 향한 사랑과 그리움을 노래하고 있는지, 이번 시간을 위해 고른 작품은 '3장 떠난다는 것'에 실려 있다. 시의 전문은 〈참여자 활동자료 10-1〉에 제시했다.

(2) 관련 활동

① 안기기, 안아주기

세상의 가슴 가운데 시리지 않은 가슴 있더냐
모두 빈 가슴
안아주어라
안기고 싶을 때 네가 먼저 안아라
너를 안는 건
네 속의 나를 안는 것

모두 비어 있는 가슴이기 때문에 안아주어라, 내가 안기고 싶다면 먼저 안아주어라, 너를 안아주는 것은 결국 네 속의 나를 안아주는 것이라는 시인의 말씀에 따라, 부부가 서로를 안아주는 활동이다. 누군가를 안아주고 안기는 것은 결국 치유를 위한 행동이다. 왜냐하면 열 마디 말이 필요 없는 행동이 바로 안아주고 안기는 것이기 때문이다.

〈참여자 활동자료 10-1〉

안기기, 안아주기

이병철

세상의 가슴 가운데 시리지 않은 가슴 있더냐
모두 빈 가슴
안아주어라
안기고 싶을 때 네가 먼저 안아라
너를 안는 건
네 속의 나를 안는 것

네 가슴속
겁먹고 수줍던 아이
허기져 외롭던 아이들

무엇이 옳다
누가 그르다
어디에도 우리가 던질 돌은 없다

포용이란 포옹이다
닭이 알을 품듯
다만 가슴을 열어 그렇게 품어 안는 것

가슴에 가슴을 맞대고
심장에 심장을 포개고
깊은 저 강물소리 듣는 것

저 간절한 눈동자
묻어둔 저 그리움
가슴으로 품어 환히 꽃피우는 것

「당신이 있어 / 이병철 지음 / 민들레」

제11회   부부 관계 증진을 위한 목표 수립
〈모방 시 쓰기, 부부 관계 목표 수립〉

    부부들은 결혼을 하기 전부터 자녀 계획 등 여러 목표를 세웠을 것이다. 나아가 결혼을 해서 살면서도 크고 작은 목표를 여러 개 수립했을 것이다. 그러나 이런 저런 난관에 부딪혀 수정된 목표도 있을 테고, 결국 포기를 선언한 것도 있을 것이다. 따라서 지키지 못할 목표를 또 수립하는 것은 부담만 가중시키는 일일 수 있지만, 서로의 관계를 증진시키기 위한 것이기 때문에 그 어느 것보다 중요해서 더욱 열심히 노력을 하지 않을까 기대해 본다.

(1) 선정 자료

① 내가 당신을 사랑하는 이유 :『사랑 그대로의 사랑』/ 좋은님 100인 中 김은미 지음 / 좋은생각

    한 사람이 또 다른 한 사람을 사랑하는 데에는 말로 설명할 수 없는 이유들이 많다. 하지만 시인은 내가 당신을 사랑하는 이유로 '당신을 생각만 해도 기분이 좋아지기 때문', '언제나 따뜻함으로 날 맞아주기 때문', '당신은 내가 그리워하는 것들을 모두 갖고 있기 때문' 등을 꼽았다. 그렇다면 참여 부부들은 어떤 이유로 상대 배우자를 사랑하고 있을까? 〈참여자 활동자료 11-1〉에 담긴 시의 전문을 통해 함께 이야기를 나누어 보고 싶은 마음에 선정했다.

(2) 관련 활동

① 모방 시 쓰기

    모방 시 쓰기 활동을 위한 양식은 〈참여자 활동자료 11-2〉에 제시했다.

② 부부 관계 목표 수립

부부의 관계 증진을 위해 향후 어떤 목표가 필요할지 서로 상의하여 수립하는 활동으로, 이왕이면 달성을 위해 세부적인 부분까지 자세히 수립해 보도록 하자. 목표 수립을 위한 활동지는 〈참여자 활동자료 11-3〉에 제시했다.

〈참여자 활동자료 11-1〉

내가 당신을 사랑하는 이유

김은미

내가 당신을 사랑하는 이유는
당신을 생각만 해도 기분이 좋아지기 때문입니다.
아무리 힘든 일이 생겨도 당신만 생각하면 저절로
힘이 생겨나 이겨낼 수 있기 때문입니다.

내가 당신을 사랑하는 이유는
언제나 따뜻함으로 날 맞아주기 때문입니다.
상처로 얼룩진 마음으로 다가가도
당신의 따뜻함으로 기다렸다는 듯 감싸주기 때문입니다.

내가 당신을 사랑하는 이유는
당신은 내가 그리워하는 것들을 모두 갖고 있기 때문입니다.
넓게 펼쳐진 바다도, 밤하늘에 반짝이는 별도,
아름다운 노래도, 가슴을 울리는 시도
당신의 가슴속에 가득 채워져 있기 때문입니다.

내가 당신을 사랑하는 이유는
아무런 이유가 없습니다.
어떤 이유를 붙여도 당신을 사랑하는 진정한 의미를
다 표현해 낼 수 없기 때문입니다.

「사랑 그대로의 사랑 / 좋은님 100인 지음 / 좋은생각」

〈참여자 활동자료 11-2〉

모방 시 쓰기

제목 :

시 쓴 이 :

〈참여자 활동자료 11-3〉

부부 관계 목표 수립

우리 부부의 관계 증진을 위해 향후 어떤 목표가 필요할지 서로 상의하여 수립하여 봅시다. 이왕이면 세부적인 목표를 가능한 자세히 수립해 보세요.

목표	수립 이유	세부 실천 방안

제12회 Remind Wedding
⟨Remind Wedding Ceremony, 사후 검사, 참여 소감 나누기⟩

어느덧 마지막 시간이다. 이번 시간에는 그동안 진행된 프로그램을 정리하는 것이 목표이다. 더불어 향후 결혼 생활에 대한 의지를 다지는 시간이기 때문에 다음과 같은 명언들을 되새겨 보는 것도 좋을 것 같다.

- 부부 생활은 길고 긴 대화 같은 것이다. 결혼 생활에서는 다른 모든 것은 변화해 가지만 함께 있는 시간의 대부분은 대화에 속하는 것이다. - 니체

- 부부라는 사회에서는 일에 따라 각자가 상대를 돕고 혹은 상대를 지배한다. 따라서 부부는 대등하면서도 다르다. 그들은 다르므로 대등한 것이다. - 알랭

- 진실하게 맺어진 부부는 젊음의 상실이 불행으로 느껴지지 않는다. 왜냐하면 같이 늙어가는 즐거움이 나이 먹는 괴로움을 잊게 해주기 때문이다. - 모로아

- 원만한 부부 생활의 비결은 결코 죽느냐 사느냐 하는 아슬아슬한 지경에까지 이르지 않도록 하는 것이다. - 도스토예프스키

(1) 선정 자료
① 『당나귀 부부』 / 아델하이트 다히메네 지음, 하이데 슈퇴링거 그림, 김경연 옮김 / 달리

은혼식을 앞둔 당나귀 부부, 부인 당나귀는 그날을 손꼽아 기다렸다. 그래서 건망증이 심한 남편이 그날을 잊을까봐 한쪽 귀를 탁 꺾어 놓았다. 하지만 그게 화가 되어 결국 남편 당나귀는 은혼식 날 잠만 쿨쿨 자버리고, 둘은 서로를 힐난하면서 더 나은 짝을 찾을 수 있다며

다툰 뒤 각자의 길을 떠나게 된다. 그러나 각자에게 어울리는 짝을 찾지 못하고, 낙타의 말처럼 서로에게 가장 잘 어울리는 상대는 둘이라는 사실을 깨달으면서 관계를 회복한다는 내용이다. 본 프로그램에 참여하는 부부 중에는 은혼식을 맞이했거나 곧 맞이할 커플도 있을 것이다. 그런데 분명 그 과정 속에는 많은 일들이 있었을 것이다. 따라서 은혼식을 앞두고도 싸우고 헤어지자는 소동을 벌인 당나귀 부부 이야기가 마치 자신들의 이야기처럼 가슴에 와 닿을 것이다.

(2) 관련 활동

① Remind Wedding Ceremony

Remind는 '생각나게 하다', '일깨워 주다', '주의하다' 등의 의미를 갖고 있는 단어이다. 따라서 Remind Wedding은 '결혼을 생각나게 하다', '결혼을 일깨워 주다' 등으로 해석할 수 있는데, 결혼 후 오랜 세월을 함께 살면서 많은 것을 잊어버린 부부들에게 다시 서로의 소중함을 알게 해주는 의식이라 할 수 있다. 따라서 마지막 시간에 이 성스러운 의식을 행해보고자 하는데, 신랑을 위해서는 '부토니어(Boutonniere)'를, 신부를 위해서는 '베일(면사포)'이 연결된 '티아라(Tiara)'와 부케 대신 들 수 있는 '꽃다발'을 준비하면 된다. 결혼 의식은 프로그램에 참여한 부부들이 차례대로 주인공과 하객 역할을 해주면 되며, 의식을 행하는 동안 결혼의 의미를 다시금 생각해 볼 수 있도록 유도할 필요가 있다.

② 사후 검사

③ 참여 소감 나누기

네 번째 만남

중년 여성의 자아정체감 확립을 위한
독서치료 프로그램

1. 프로그램의 필요성

 '나는 누구인가?'라는 질문에 대한 답은 사람마다 다르다. 자신의 외모나 취미, 성격의 장단점, 관심 분야로 자신을 설명하기도 하고 가정환경, 소속 집단, 직업 등으로 자신을 소개하기도 한다. 이처럼 사람들이 스스로 바라보는 자신의 모습을 자아라고 한다. 자아는 자신을 둘러싼 사회적 관계, 주위 사람들의 기대, 자신의 주관적인 경험에 따라 사람마다 다르게 형성된다. 사람들은 '나는 누구인가?' 또는 '나는 어떻게 살아가야 하는가?'에 대한 대답을 통해 자아에 대한 생각이나 태도를 확립한다. 이처럼 자아에 대한 통합된 생각이나 태도를 자아 정체성이라고 한다. 자아 정체성이 바르게 확립된 개인은 자신을 있는 그대로 존중하며, 자신의 삶을 소중히 여길 수 있다. 그리고 세월이 지나 외모나 성격이 변해도 자신만의 고유한 개성을 가지고 주체적으로 살아갈 수 있다. 특히, 청소년기는 성인으로서의 삶을 준비해야 하는 시기이기 때문에 자아 정체성을 확립하기 위한 많은 노력이 필요하다. 우리가 살아가는 환경 중 하나인 장소는 사람들의 자아 정체성에 영향을 준다. 사람들은 특정 장소에 의미를 부여하면서 그 장소에 대해 정서적 유대감을 지니며, 때로는 장소를 통해서 자아의 모습을 표현하기도 한다. 자신이 사는 집, 시장, 길, 학교와 같은 공간 속에서 추억을 만들고, 장소와 연관된 다양한 경험에 의미를 부여하면서 자아 정체성을 형성해 나간다. 자아정체성은 미국의 심리학자 에릭슨(Erikson)이 정체성이라는 정신 분석적 개념을 심리 사회학적으로 확장한 개념이다. 에릭슨에 따르면 자아 정체성은 개인 안에 지속적인 동일성이 존재한다는 것을 의미하며, 동시에 어떤 본질적인 특징을 타인과 지속해서 공유한다는 것을 의미한다. 자아 정체성 안에는 개인의 정체감, 개인 성격의 연속성을 유지하기 위한 무의식적 분투, 자아 통합, 그리고 집단이 공유하는 이상 및 정체성과의 내적 연대를 유지하는 것 등이 포함된다.[1]

Erikson은 인간이 성장하는 과정에서 경험하는 각 시기 특유의 위기의 성격과 극복 양상에 따라 성격이 형성되는 과정을 이론적으로 체계화 하였으며, 자아정체감은 '나는 누구인가(Who am I)?'라는 것으로부터 시작된다고 했다. 이 의문에 대한 답을 추구해가는 과정에서 경험하는 긍정적인 자기 평가와 부정적인 자기평가간의 양극적인 갈등과 이를 극복해가는 과정이 자아정체감의 위기라고 할 수 있다. 자기 존재에 대한 의문이 강하게 부각되는 것은 원욕의 욕구와 초자아의 욕구가 강화되면서 양자 간의 새로운 균형을 취하기 위해 지나간 자신의 내면을 새로이 정립하려는 욕구에서 비롯된다. 또한 여성으로서 감당해야 할 역할들에 직면할 자신의 잠재력에 대한 회의와 여성으로서의 역할 전망에 대한 두려움에 기인한다. 따라서 정체성의 탐색은 일종의 자아붕괴에 직면하고 이를 극복하기 위한 노력으로 볼 수 있다. 여성들은 수많은 영역에서 자신의 가능성을 탐색하고 발견하면서 서서히 자아정체감을 형성해 나가게 된다.[2]

오늘날 급격한 사회변동 과정에서 가족, 일, 성 등 여성을 둘러싼 범주에서 일어나고 있는 가치관의 혼란과 갈등은 여성의 정체감 문제를 야기하고 있다. 취업과 결혼이라는 문제에 당면하여 여성은 '양자택일'이냐 '양립'이냐를 놓고 갈등을 겪는다. 또한 양립시킨다 하더라도 취업과정에서 겪어야 하는 성차별적 대우로 인해 갈등을 겪어야

---

1) 천재교육 편집부. 『고등교과서 사회』. 서울: (주)천재교육.
2) 송명자. 1995. 『발달심리학』. 서울: 학지사.

한다는 사실을 부인할 수 없다. 이러한 정체감 혼란이 실제 현상에서 어떻게 나타나고 있는지를 국한된 면에서만 보더라도, 결국 취업 상에서 나타나고 있는 여성의 정체감 혼란은 여전히 존재한다. 따라서 여성 자신들의 '의식' 수준의 향상과 동시에 사회 전체의 성별구실, 일과 혼인에 관한 가치 및 규범들에 있어서의 정립을 절실히 요청하고 있다. 이와 반대로, 전업주부라 불리는 가정주부들은 취업 여성들이 겪는 사회구조적 제약에 의한 갈등 양상과는 달리 자기 자신의 내면과의 갈등을 겪고 있다. 이러한 갈등은 지위정체감에서도 분명하다. 그들의 위치와 정체감을 어디서 구해야 하는지에 대해 상당한 혼란을 겪고 있음을 보여준다. 또한 오늘날의 시대적, 사회적 변화는 특히, 여성에 있어서의 자기실현 가능성을 증대시킴과 동시에, 여성 특유의 자기정체감의 위기를 현재화시키기에 이르고 있다. 따라서 주부의 자아정체감은 오늘날의 사회적, 시대적 상황을 감안한 새로운 시점에서 재조명되어야 할 필요가 있다.[3]

본 프로그램은 독서치료를 바탕으로 주부들의 자아정체감 확립을 돕는데 목표가 있다. 가치관의 정립이나 통찰은 모두 뇌의 작용에 의한 결과로, 독서를 바탕으로 생각을 하고 정리할 수 있는 기회를 갖는 독서치료는 자아정체감 확립에 가장 큰 도움을 줄 수 있는 분야이다.

---

[3] 박아청. 2000. 「성인기의 자아 정체감 형성에 관한 일고찰」. 『계명대학교 사회과학논집』, 19(2): 47-61.

2. 프로그램의 구성

본 프로그램은 성인기 중기를 지나고 있는 주부들을 대상으로 한다. 참여 인원은 10명 내외, 한 세션 당 운영 시간은 3시간이다. 사전 인터뷰를 통해 자발적 동기가 얼마나 있는지, 독서에 대한 흥미가 있는지, 지원자가 운영 목적에 적합한 사람인지 등을 파악하여 선발을 하고, 이어서 선발된 참여자들과 총 8회에 걸쳐 프로그램을 운영한다. 프로그램에 참여한 주부들은 치료사가 선정해 제시한 문학작품을 통해 통찰에 이르며 자신의 정체감을 재확립할 것이다. 따라서 두꺼운 분량의 책이나 오랜 시간을 봐야 하는 영상을 제시하더라도 기꺼이 실행해 올 가능성이 높지만, 혹시 그렇지 못한 상황에 처한 분도 계실 것 같아 준비를 해 와야 한다는 부담감을 줄여주기 위해 해당 세션마다 치료사가 읽어주거나 함께 읽고 발문을 통한 상호작용을 할 수 있는 짧은 분량의 그림책이나 시, 수필, 노래 가사 등을 주로 선정했다.

독서치료는 선정된 문학작품을 읽고 상호작용을 통해 도움을 받는 분야이기 때문에, 이 프로그램에 참여하는 주부들은 치료사가 선정한 자료를 읽고 이야기를 나누는 과정, 관련 활동을 통해 자신을 객관적으로 바라보는 기회를 통해 자아정체감을 확립할 수 있는 기회를 가질 것이다.

〈표 4-1〉 중년 여성의 자아정체감 확립을 위한 독서치료 프로그램

세션	세부목표	선정 자료	관련 활동
1	프로그램 소개 및 친밀감 형성	영상 : 세상에서 가장 창의적인 직업 글 : 나한테 나 돌아가기	프로그램 소개, 치료사 및 참여자 소개, 참여 목적 점검 및 개인별 목표 수립하기
2	결혼 전의 내 모습 회상	도서 : 딸은 좋다 사진 : 결혼 전 모습을 담은 사진들	결혼 전의 내 모습
3	결혼을 통해 잃은 나	시 : 남편 시 : 내가 엄마가 되기 전에는	결혼을 통해 잃은 것들
4	삶의 목표 재설정	도서 : (조혜련의) 미래일기 시 : 이력서	목표 재설정 및 이력서 작성하기, 미래 일기 쓰기
5	목표 달성을 위해 해결해야 할 부분	애니 : 먼지 아이 도서 : Hullet 구멍	이미지 형상화
6	목표 달성을 위한 자원 구축	도서 : 고래가 보고 싶거든 도서 : 세 엄마 이야기	주변 자원 동심원
7	자아 격려하기	시 : 나를 위로하는 날 시 : 나는 나	본 뜬 그림속의 나 보듬어주기
8	자기 주장성 확립	도서 : 나의 작은 인형 상자 영상 : 자신감을 가져라	청사진 발표하기 및 격려해주기, 참여 소감 나누기

3. 프로그램의 실제

중년 여성의 자아정체감 확립을 위한 독서치료 프로그램

제1회 프로그램 소개 및 친밀감 형성
〈프로그램 소개, 치료사 및 참여자 소개, 참여 목적 점검 및 개인별 목표 수립하기〉

(1) 선정 자료

① 세상에서 가장 창의적인 직업 : EBS-TV 지식채널 ⓔ / EBS-TV

패션 디자이너이자 교사, 요리사이자 의사, 원예 원예가이자 예술가, 경제에 대한 지식을 바탕으로 재무를 담당하는 회계관리사, 사람들과의 관계 속에서 자녀를 보살피는 유치원 교사이자 노부모를 돌보는 간병인, 그리고 무엇보다 가족들의 마음을 다독여주는 심리학자, 이 모든 것을 해낼 수 있는 사람은 '특별한' 사람임에 틀림없다. 세상에서 가장 창의적인 직업, 그 직업은 바로 '주부'라는 내용을 새삼 알려주는 영상이다.

첫 번째 세션을 위해 이 영상을 고른 이유는 오랜 시간 주부의 역할을 하며 살아오다가 본 프로그램에 참여한 참여자들이야말로, 세상에서 가장 창의적인 일을 해온 사람이라는 면에서의 자긍심을 심어주기 위한 목적이다.

② 나한테 나 돌아가기 : 『눈을 감고 보는 길』 / 정채봉 지음 / 샘터

나는 나 자신에 대해 가장 잘 알고 있는 사람이어야 한다. 하지만 사회에서의 위치에만 의미를 두는 사람은 오히려 본질적인 자신에 대해 모를 수 있다. 마치 이 글에 등장하는 주인공 여성처럼 말이다.

교통사고로 인해 정신을 잃은 그녀, 그녀는 "너는 누구인가?"라는 질

문을 누군가로부터 받는다. 그래서 이름, 주민등록번호, 운전면허증 번호, 주소, 사장의 부인, 1남 1녀의 어머니, 교회의 신도 등으로 대표할 수 있는 자신에 대한 여러 형식들을 답한다. 하지만 그럴 때마다 들려오는 목소리는 처음의 그 질문을 다시 던진다. 결국 그녀는 자신이 누구인지 모르겠다는 답을 하며 흐느껴 운다.

그렇다면 과연 그녀는 "나는 누구인가?"에 대한 물음에 대한 답을 뭐라고 했어야 할까? 그 답은 아무도 모를 것이다. 왜냐하면 본 프로그램에 참여한 주부들 모두 이 질문에 대한 답을 찾고자 왔기 때문이다.

글의 전문은 〈참여자 활동자료 1-1〉에 제시했다.

(2) 관련 활동

① 프로그램 소개

② 치료사 및 참여자 소개

참여자들의 소개를 돕기 위한 양식은 〈참여자 활동자료 1-2〉에 제시했다. 양식에는 30개가량의 질문이 담겨 있는데, 모두 괄호 넣기 형식으로 되어 있어 작성에 대한 부담을 줄이고자 했다.

③ 참여 목적 점검 및 개인별 목표 수립하기

참여자들의 참여 목적을 알아보기 위한 구성은 앞서 설명한 '자기소개 양식'에 한 문장으로 포함을 시켰다. 따라서 자기소개를 할 때 그 항목은 반드시 포함을 시킬 수 있도록 요청해서 확인을 하면 된다.

더불어 개인별 목표는 프로그램 전체의 목표 아래, 각 참여자들의 참여 동기를 높이기 위한 목적으로 생각을 해보도록 하면 된다. 아무래도 자신의 목표를 갖게 되면 그것을 이루기 위해 노력을 할 것이라는 의도이다. 개인별 목표 수립을 위한 활동지를 별도로 만들지는 않았는데, 만약 정리를 해보는 것이 좋겠다고 생각된다면 만들어 활용할 수 있다.

〈참여자 활동자료 1-1〉

나한테 나 돌아가기

정채봉

그녀는 운전을 하고 있었다.

그런데 갑자기 옆에서 화물트럭이 덮쳐들면서 꽝 소리와 함께 정신을 잃었다.

그녀는 누군가의 질문을 받았다.

"너는 누구인가?"

그녀는 자신의 이름과 주민등록 번호와 운전면허증 번호 그리고 주소를 댔다.

들려오는 소리가 다시 물었다.

"나는 너희 사회에서 그런 분류형식을 묻고 있는 것이 아니다. '너는 누구인가?' 물었다."

그녀는 대답했다.

"네, 저는 사장 부인입니다. 남들이 저를 가리켜 사모님이라고 부르기도 합니다."

그러나 들려오는 소리는 다시 말했다.

"나는 누구의 안사람이냐고 묻지 않았다. '너는 누구인가'라고 물었다."

그녀는 다시 대답했다.

"네, 저는 1남 1녀의 어머니입니다. 딸아이는 특히 피아노에 천재적인 재능이 있습니다. 얼마 전에는 큰 신문사 주최의 음악 콩쿠

르에서 상을 받아오기도 하였습니다."
그런데도 들려오는 소리는 계속 물었다.
"나는 누구의 어머니냐고 묻지 않았다. '너는 누구인가?'라고 물었다."
"저는 교회에 다니고 있습니다. 간혹 불우한 이웃을 돕기도 하였습니다. 저희 교회에 다니는 사람들은 저를 잘 알고 있습니다."
그래도 들려오는 소리의 질문은 그치지 않았다.
"나는 너의 종교에 대해 묻지 않았다. '너는 누구인가?'라고 물었다."
…….
…….
마침내 그녀는 응급실에서 깨어나 흐느끼며 중얼거리고 있었다.
"내가 누구인지 좀 가르쳐주세요. 내가 누구인지…."

『눈을 감고 보는 길 / 정채봉 / 샘터사』

〈참여자 활동자료 1-2〉

나? 내가 이 프로그램에 참여한 이유는 [   ] 때문이다.

나는 [   ]을 일생에 꼭 한 번 하고 싶다.

나에게 [   ]는 자유이다.

내게 [   ]는 늘 신선하다. 내가 가장 행복했던 일은 [   ]이다.

내 생각에 이 세상에서 가장 힘센 것은 [   ]이다.

나는 [   ]처럼 살고 싶어.

나는 [   ]처럼 죽고 싶어.

나는 다른 친구들에게 [   ]한 사람으로 인정받고 싶다.

내가 [   ]했던 건 잊고 싶다. 무엇보다 [   ]가 꼴 요해.

[   ]하다면 진짜 행복할 거야.

나는 [   ] 때문에 제일 많이 울었다. 내게 [   ]는 지나치다. 내게도 [   ]가 유일한 희망이었던 적이 있었다.

나는 [   ] 덕분에 제일 많이 웃었다. 나는 [   ]가 제일이다. 나는 늘 행복하다.

215

내가 가장 좋아하는 사람은 [   ]이고,
나를 가장 좋아하는 사람은 [   ]이다.
사랑은 [   ]해야 한다고 생각한다.

내가 가장 보고 싶은 [   ]이고,
그 이유는 [   ]이다.
나는 [   ]를 이기고 싶었다.
화재를 꺼낸다.
10째기를 꺼낸다.

내가 하고 싶은 가장 쓸모없는 일은 [   ]이다. 나는 [   ]를 읽는다. 나는 [   ]에 가는 것이 제일 싫다.

나는 [   ]가 절대 못 참는다.

[   ]할 때는 정말 움직이기 싫다. 내 스트레스는 [   ]

[   ] 하면 풀린다.

제2회 결혼 전의 내 모습 회상
〈결혼 전의 내 모습〉

(1) 선정 자료

① 『딸은 좋다』 / 채인선 글, 김은정 그림 / 한울림어린이

> 사람들은 말했다.
> "딸 낳으면 비행기 타고
> 아들 낳으면 기차 탄다는데
> 딸 낳아 좋겠네."
> 우리 엄마는 웃음을 지었다.

본 프로그램에 참여하는 주부들이 40대 이상이라면 아직 남아선호 사상이 남아 있는 시대에 태어났다고 볼 수 있다. 따라서 자신이 딸로 태어나 자랐던 가정의 분위기에 따라 정서적 양육 환경이 달랐을 것이다. 이런 측면은 자아존중감은 물론이고 사회성, 자아정체감에 영향을 미쳤을 것이다. 즉 책의 제목과 내용처럼 딸이기 때문에 예쁨을 받으며 자란 사람도 있겠으나 그렇지 못한 경우도 있을 거라는 이야기다.

그럼에도 두 번째 세션을 위해 이 책을 선정한 이유는 작가가 '딸'에 집중을 해주고 있기 때문이다. 따라서 참여자들은 긍정적 혹은 부정적인 측면에서 투사적 동일시를 할 것이라고 생각한다.

② 결혼 전 모습을 담은 사진들

참여자들에게 무엇인가를 챙겨 오게 하는 것 또한 또 하나의 부담일 수 있다. 왜냐하면 잊어버리고 준비를 못해오는 경우고 있고, 준비물을 가져오고 다시 가져가는 과정에서 잃어버릴 수도 있기 때문이다. 특히 이번 세션에 활용할 사진처럼 잃어버리면 안 되는 것들의 경우

에는 그 부담이 더 클 수 있다.

그럼에도 사진은 과거의 한 장면을 통해 많은 이야기를 회상해 낼 수 있도록 돕는 강력한 매체이다. 따라서 1세션을 끝낼 때 2세션에 대한 안내를 하면서, 백일 및 돌, 유아기, 아동기, 청소년기, 결혼 전 성인기의 모습이 담긴 사진을 각각 준비해 줄 것을 미리 부탁할 필요가 있다. 이때 사진의 양을 얼마나 가져와야 하는가 묻는 분들이 계실 텐데, 각 시기별 한 장 이상이면 충분하다.

(2) 관련 활동

① 결혼 전의 내 모습

이 활동의 목적은 결혼 전 긍정적인 모습에 대한 회상을 현재의 삶을 부정하여 심리적 불편함을 유발하거나 가족 간 갈등을 꾀하자는 것이 아니다. 대신 꿈과 열정이 많았던 시절, 에너지가 많았던 시절을 회상하며, 그때 내가 원했던 것이 무엇이었는가를 떠올리게 하는데 목적이 있다.

제3회 결혼을 통해 잃은 나
〈결혼을 통해 잃은 것들〉

결혼해 보라. 당신은 후회할 것이다. 그러면 결혼하지 말라. 당신은 더욱 후회할 것이다.

- 소크라테스

결혼은 해도 후회, 안 해도 후회라는 말이 있다. 그래서 어차피 후회를 할 거면 많은 사람들의 선택처럼 해보는 것이 좋다는 입장과, 어차피 후회할 일을 무엇 때문에 하느냐는 입장으로 나뉜다. 그럼에도 아직까지는 해보고 후회를 하는 비율이 많은 것 같은데, 그렇다고 해서 어느 쪽이 옳다고 말을 할 수 없는 영역이므로 각 개인의 선택에 맡기고, 선택에 따른 책임 소재도 각자에게 두는 것이 좋겠다. 다만 결혼을 한 사람들은 식장에 들어가는 순간부터(어쩌면 결혼식을 준비하는 과정에서부터) 후회를 할 수 있지만, 결혼을 하지 않은 사람들은 노년기에 접어드는 시점에 느끼는 외로움 때문에 후회를 하는 등 그 시점의 차이는 있을 것이다. 이 또한 한 살이라도 젊을 때 하는 것이 좋다는 입장과(후회든 제고든, 각자의 행복을 위한 결정이든! 왜냐하면 그래야 다른 선택을 할 수 있는 기회가 남아 있으니까!), 반대의 입장으로 나뉠 수 있겠으나 계속 편을 갈라 생각을 하면 머리만 아프기 때문에 이쯤에서 접을까 한다. 결국 결론은 어떤 선택을 하든 얻는 것과 잃는 것이 있다는 것이다.

(1) 선정 자료

① 남편 : 『양귀비꽃 머리에 꽂고』 / 문정희 지음 / 민음사

"남편이 왜 남편인 줄 아세요?"
"글쎄요? 어원이 있나요?"

"내 편이 아니고 남의 편이어서 그렇대요."

아버지도 아니고 오빠도 아닌 남자, 하지만 어떤 부인들은 남편을 아빠라 칭하고, 또 어떤 부인들은 나이의 많고 적음에 관계없이 오빠라 부르기도 한다. 육체적으로는 가장 가까운 남자일 수 있지만, 정신적으로는 가장 먼 거리에 있는 남자일 수도 있는, 사랑스러울 때는 밥을 차려주고 먹는 모습만 봐도 기분이 좋은데, 미울 때는 꾸역꾸역 밥 먹는 모습조차 보기 싫어지는 남자가 남편이라고들 한다. 그럼에도 자신이 낳은 자식들을 가장 사랑하는 남자이기 때문에, 그 남자를 위해 다시금 밥을 짓는다는 구절은 부부 싸움이 칼로 물 베기라는 말의 의미를 다시금 깨닫게 해준다.

본 프로그램에 참여한 분들은 결혼과 동시에 주부가 된 것이다. 따라서 남편에 대해 할 이야기가 많을 것이다. 특히 결혼 전 행동과 공약들이 지켜지지 않아 자신이 어떤 것들을 잃고 있는가에 초점을 둔다면, 아마 이야기는 쉽게 끝나지 않을 수도 있다. 시의 전문은 〈참여자 활동자료 3-1〉에 담겨 있다.

② 내가 엄마가 되기 전에는 : 『사랑하라 한 번도 상처받지 않은 것처럼』 / 류시화 엮음 / 오래된미래

여자는 약하지만 엄마는 강하다고 했다. 그래서인지 여자는 엄마가 되기 전에는 상상할 수 없었던 상황 속에서도, 많은 것을 양보하고 참아가며 자식들에게 헌신을 한다. 하지만 그러는 사이 가족들이 남겨 놓은 음식을 버리는 것이 아까워 먹었더니 늘씬했던 몸매는 뚱뚱해지고, 파리가 앉으면 주르륵 미끄러질 만큼 좋았던 피부에는 화장품 바를 시간도 없어서 기미와 주근깨에게 입주를 허락해 버렸다. 또한 나긋나긋하고 상냥했던 목소리와 말투는 한 번에 아이들의 부정적 행동을 제압할 수 있을 정도로 거칠어졌다. 정말 내가 엄마가 되기 전에는

꿈속에서도 겪어 보지 못한 변화를 겪게 된 것이다.

어쩌면 주부들은 이런 변화만으로도 많은 것을 잃었다고 생각할 수 있다. 하지만 엄마라면 당연한 변화라 생각하는 분들도 계실 것이므로, 시를 통해 이야기 할 수 있는 장을 펼쳐보자. 시의 전문은 〈참여자 활동자료 3-2〉에 담겨 있다.

(2) 관련 활동

① 결혼을 통해 잃은 것들

선정 자료를 바탕으로 결혼을 통해 잃은 것들은 무엇이라고 생각하는지 이야기를 나누어 보자. 이때에도 참여자들이 정리를 먼저 한 다음 발표하게 하는 것이 좋다고 생각하면 활동지를 만들어도 좋다.

〈참여자 활동자료 3-1〉

남 편

문정희

아버지도 아니고 오빠도 아닌
아버지와 오빠 사이의 촌수쯤 되는 남자
내게 잠 못 이루는 연애가 생기면
제일 먼저 의논하고 물어보고 싶다가도
아차, 다 되어도 이것만은 안 되지 하고
돌아누워 버리는
세상에서 제일 가깝고 제일 먼 남자

이 무슨 원수인가 싶을 때도 있지만
지구를 다 돌아다녀도
내가 낳은 새끼들을 제일로 사랑하는 남자는
이 남자일 것 같아
다시금 오늘도 저녁을 짓는다

그러고 보니 밥을 나와 함께
가장 많이 먹은 남자
전쟁을 가장 많이 가르쳐준 남자

『양귀비꽃 머리에 꽂고 / 문정희 지음 / 민음사』

〈참여자 활동자료 3-2〉

내가 엄마가 되기 전에는

작자미상

내가 엄마가 되기 전에는 언제나
식기 전에 밥을 먹었었다.
얼룩 묻은 옷을 입은 적도 없었고
전화로 조용히 대화를 나눌 시간이 있었다.

내가 엄마가 되기 전에는
원하는 만큼 잠을 잘 수 있었고
늦도록 책을 읽을 수 있었다.
날마다 머리를 빗고 화장을 했다.

날마다 집을 치웠었다.
장난감에 걸려 넘어진 적도 없었고,
자장가는 오래전에 잊었었다.
내가 엄마가 되기 전에는
어떤 풀에 독이 있는지 신경 쓰지 않았었다.
예방 주사에 대해선 생각도 하지 않았었다.

누가 나한테 토하고, 내 급소를 때리고
침을 뱉고, 머리카락을 잡아당기고
이빨로 깨물고, 오줌을 싸고

손가락으로 나를 꼬집은 적은 한 번도 없었다.

엄마가 되기 전에는 마음을 잘 다스릴 수가 있었다.
내 생각과 몸까지도.
울부짖는 아이를 두 팔로 눌러
의사가 진찰을 하거나 주사를 놓게 한 적이 없었다.
눈물 어린 눈을 보면서 함께 운 적이 없었다.
잠든 아이를 보며 새벽까지 깨어 있었던 적이 없었다.

아이가 깰까봐 언제까지나
두 팔에 안고 있었던 적이 없었다.
아이가 아플 때 대신 아파 줄 수가 없어서
가슴이 찢어진 적이 없었다.
그토록 작은 존재가 그토록 많이 내 삶에
영향을 미칠 줄 생각조차 하지 않았다.
내가 누군가를 그토록 사랑하게 될 줄
결코 알지 못했었다.

내 자신이 엄마가 되는 것을
그토록 행복하게 여길 줄 미처 알지 못했었다.
내 몸 밖에 또 다른 나의 심장을 갖는 것이
어떤 기분일지 몰랐었다.
아이에게 젖을 먹이는 것이
얼마나 특별한 감정인지 몰랐었다.

한 아이의 엄마가 되는 그 기쁨,
그 가슴 아픔,

그 경이로움,

그 성취감을 결코 알지 못했었다.

그토록 많은 감정들을.

내가 엄마가 되기 전에는.

『사랑하라 한 번도 상처받지 않은 것처럼 / 류시화 엮음 / 오래된 미래』

제4회 삶의 목표 재설정
〈목표 재설정 및 이력서 작성하기, 미래일기 쓰기〉

(1) 선정 자료

① 『(조혜련의) 미래일기』 / 조혜련 지음 / 위즈덤하우스

필자가 독서치료사(독서심리상담사) 자격과정을 운영하며 만났던 많은 수강생 가운데, 무려 40년 넘게 매일 일기를 쓰고 있다는 여자 분이 계셨다. 그 분은 어떤 계기로 일기를 쓰기 시작했는지, 그녀에게 일기는 어떤 의미인지에 대해서는 파악하지 못했으나, 그쯤 되었다고 하면 이미 그녀에게 일기는 생활이 되었고, 그 글쓰기를 통해 많은 것을 털어놓고 정리하며 위안을 받을 것이라 예상해 본다. 이와 같이 일기는 개인의 기록이다. 하루를 보낸 뒤 가장 기억에 남아 있는 일을 자신과 대화하듯 적어 내려가는 글이다. 즉 과거를 정리하는 글쓰기라고 할 수 있다.

그런데 최근 '미래일기'라는 장르가 등장을 했다. 그것도 전문 글 작가가 아닌 개그맨으로 알려진 조혜련 씨에 의해서 말이다. 그녀는 자신이 간절히 원하는 미래의 꿈이나 계획을 실제 일어난 것처럼 과거형 문장으로 적었다고 한다. 이 과정은 추상적일 수밖에 없는 꿈을 더욱 구체적인 계획을 세울 수 있도록 만들어 준다고 한다. 또한 그 목표를 자신의 뇌 속에 각인시킴으로써 어떤 어려움이 닥치더라도 이겨낼 수 있는 자신감과 지혜도 키워준다고 한다.

꿈이 있는 사람은 아무리 나아가 많아도 청춘이고, 꿈이 없는 사람은 나이가 젊어도 늙은이와 같다고 한다. 따라서 우리 모두는 죽을 때까지 꿈을 갖고 있을 필요가 있고, 그것을 이루기 위한 노력을 해야 한다. 그런데 만약 그것이 당장 실행되기 어려운 것이라면 우선 '미래일기'를 써보도록 하자.

본 세션을 위해 이 책을 선정한 이유는 참여 주부들에게 삶의 목표를 재설정 할 수 있도록 돕기 위해서이다. 마침 이 책의 저자 조혜련 씨도 주부이기 때문에 어느 부분은 충분히 공감할 수 있을 것이다.

② 이력서 :『우리는 분위기를 사랑해』/ 오은 지음 / 문학동네

학교를 졸업하고 사회에 나오면 직장에 취직을 하기 위해 이력서를 쓴다. 졸업도 하기 전 이미 취업이 결정되어 이력서를 써보지 못한 분들도 계시겠지만, 평생 한 직장에서만 몸을 담고 일을 했기 때문에 이력서를 두 번 이상 써보지 못한 분들도 계시겠지만, 현재 전업주부로 생활을 하고 있는 입장이라면 '이력서'가 특별하게 다가올 것이다. 왜냐하면 다시 일을 하고자 한다면 이는 '밥을 먹기 위해 쓰는 것'이자, 단절된 경력을 이어 가기 위해 '자랑을 겸손하게 해야 하는' 의식이기 때문이다. 나아가 '어제의 나'를 넘어 '미래의 나'가 되기 위한 과정이기 때문이다. 시의 전문은 〈참여자 활동자료 4-1〉에 담겨 있다.

(2) 관련 활동

① 목표 재설정 및 이력서 작성하기

〈참여자 활동자료 4-2〉에 담겨 있는 이력서 양식을 보면, 학력 및 경력사항, 수상 내용, 자격 사항, 연구 내용 및 저서에 대해 적을 수 있는 항목들이 있다. 여유 있게 칸을 구성했기 때문에 해당 사항이 있는 부분에 대해 적어보고, 그 느낌을 나누며 목표를 재설정 할 수 있도록 도우면 된다.

② 미래일기 쓰기

〈참여자 활동자료 4-3〉에 제시한 미래일기 양식은 다음과 같은 방법으로 작성을 하면 된다.

첫째, 내가 세운 목표나 꿈을 이루었다는 가정 하에 미래의 어느 날

을 정해서 그 날짜를 적도록 한다.

둘째, 제목을 정한 뒤 그에 맞는 내용을 적는다.

셋째, 일기를 쓰고 난 다음의 기분 변화를 적는다.

넷째, 집단 내에서 나누며 서로 피드백을 주고받는다.

〈참여자 활동자료 4-1〉

이력서

오은

밥을 먹고 쓰는 것.
밥을 먹기 위해 쓰는 것.
한 줄씩 쓸 때마다 한숨 나는 것.

나는 잘났고
나는 둥글둥글하고
나는 예의 바르다는 사실을
최대한 은밀하게 말해야 한다. 오늘밤에는, 그리고

오늘밤에도
내 자랑을 겸손하게 해야 한다.
혼자 추는 왈츠처럼, 시끄러운 팬터마임처럼

달콤한 혀로 속삭이듯
포장술을 스스로 익히는 시간.

다음 버전이 언제 업데이트 될지는 나도 잘 모른다.
다 쓰고 나면 어김없이 허기.
아무리 먹어도 허깨비처럼 가벼워지는데

몇 줄의 거짓말처럼

내일 아침 문서가 열린다.
문서상 오늘의 나는 어제의 나다.

『우리는 분위기를 사랑해 / 오은 지음 / 문학동네』

〈참여자 활동자료 4-2〉

이력서 쓰기

	이 력 서			
	성 명		주민등록번호	
	생년월일 서기 19 년 월 일생 (만 세)			
주 소			전화번호	
호적관계	호주와의 관계		호주성명	
년 월 일	학력 및 경력 사항		발 령 청 (시 행 기 관)	

			〈수상 내용〉	
			〈자격 사항〉	

			〈연구 내용 및 저서〉	
			이상 없음	
			20 년 월 일	
			성명	

〈참여자 활동자료 4-3〉

미래 일기

날짜 :

제목 :

일기를 쓰고 난 뒤의 느낌 :

제5회 　목표 달성을 위해 해결해야 할 부분
　　　　　　〈이미지 형상화〉

(1) 선정 자료

① 『먼지 아이』 / 정유미 지음 / CULTURE PLATFORM

　청소는 해도 해도 끝이 없다. 특히 눈에 잘 보이지도 않는 먼지들은 어디서 그렇게 들어오고 나오는지 모르겠으나, 호흡기 등의 인체에 좋지 않다고 하니 자주 닦아내야 한다. 이 이야기에 등장하는 유진은 침대 위에서 조그만 먼지 아이를 발견한다. 그래서 집안 구석구석을 차례대로 청소하게 되는데, 그때마다 먼지 아이를 계속 만나게 된다. 이와 같이 먼지는 아무리 닦아내도 다시 쌓이게 마련이지만, 그럼에도 반복적인 실행이 필요하다는 내용을 전해준다.

　그렇다면 주인공 유진이 닦아내고 싶었던 먼지는 과연 무엇일까? 마침 책과 애니메이션에 등장하는 먼지는 여자 아이로 묘사가 되고 있다. 그래서 유진 자신의 부정적인 측면은 아닐까 생각해 본다. 작고 사소해서 다른 사람들은 미처 발견하지 못하는 부분이지만, 내게는 트라우마로 남아 있기 때문에 부정하고 수정하고 싶은 부분 말이다.

　이 작품은 2009년도에 깐느 영화제 감독 주간에서 첫 상영을 가진 이후, 전 세계 70여 개 이상의 영화제에서 상영된 애니메이션 작품이기도 하다. 박찬욱 감독이 극찬을 해서 더욱 화제가 된 작품으로, 나아가 스티븐 스필버그가 어드바이저로 있는 '뉴욕 햄튼 국제 영화제'에서 최우수 단편영화상을 받았고, '크로아티아 타보 국제 영화제'에서는 그랑프리와 최우수 애니메이션 상을 동시에 수상하는 등 국내외에서 10여 개의 주요 상을 받았다. 또한 유럽 공영 예술채널 'Arte'와 스페인 문화 채널 'Televisio de Catalunya'를 통해 유럽 7개국에서 방영되었다고 하니, 작품성을 짐작할 수 있다.

이 작품의 묘미는 세밀한 연필 드로잉에 있다. 따라서 별도의 색깔 없이 연필로 명암을 조절하고 있기 때문에 작품에 대한 집중도가 높은 장점이 있다. 본 세션을 위해 이 작품을 선택한 이유는, 참여자들 역시 털어 내거나 닦아버리고 싶은 부분이 있을 거라는 생각 때문이다. 특히 목표를 달성하기 위해 반드시 넘어야 할 과제가 있다면 그 부분에 초점을 두고 이야기를 나누어 보자.

② 『HULLET 구멍』 / 어이빈드 토세테르 지음 / 봄봄스쿨출판사

만약 내가 살고 있는 집의 한 쪽 벽에 구멍이 뚫려 있다면 어떨까? 아니면 천정이나 바닥에 구멍이 뚫려 있다면? 그 구멍이 어느 쪽에 뚫려 있는가에 따라, 누가 어떤 목적으로 뚫었는가에 따라 다른 결과를 얻겠지만, 내가 뚫은 것도 아니고 계속 움직이는 것을 발견한다면 황당할 것만 같다. 마치 이 책이 주인공처럼.

첫 페이지를 펼치면 주인공이 이사하는 장면이 나온다. 그는 짐을 옮기다가 잠깐 쉬면서 식사를 하던 중 벽에 뚫린 구멍을 발견하고 깜짝 놀란다. 문제는 그 구멍이 계속 움직인다는 점, 주인공은 고민 끝에 구멍을 박스에 담아 한 연구실로 향한다. 과연 '그 구멍의 정체는 무엇이고 어떻게 메워질 것인가'라는 궁금증을 남긴 채.

함께 운동을 하거나 게임을 할 때 다른 사람에 비해 전력이 떨어지는 쪽을 비유적으로 '구멍'이라고 한다. 그런데 구멍이 발견되면 상대 팀은 승리를 위해 그쪽에 계속 공격을 가하기 때문에, 구멍이 있는 팀에서는 그것을 메우기 위해 노력을 한다. 즉, 이 때의 구멍은 전력의 손실이나 약점을 의미하기 때문에, 그것을 얼마나 극복하느냐가 성패를 좌우하게 된다는 것이다. 그렇다면 그림책 속 주인공에게 있어 구멍은 무엇을 의미하는 것일까? 마찬가지로 자신이 마주하고 싶지 않은 약점일 것이다. 따라서 주인공이 구멍을 상자에 담아 연구실에 가

져갔다는 것은 자신의 약점에 대해 살펴보고 답을 찾아가는 과정을, 연구원들에 의해서도 그 답이 찾아지지 않고 연구실에 더 보관이 되는 장면에서는 각 개인의 약점은 다른 사람들에 의해 해결될 수 없음을, 마지막으로 집으로 돌아오는 길이나 집에서 다시 구멍이 발견되는 점은 하나를 해결했음에도 여전히 남아 있는 약점을 의미할 수 있다.

이 책은 평단과 언론의 극찬을 받으며 단숨에 화제의 중심에 선 경력이 있다. 노르웨이 최고 권위의 픽션·그림책 부문에서 금상을 수상한 것은 물론이고(Gold in the category Fiction Picturebooks 2013), 가장 아름다운 도서 부문 수상(Winner of the Most Beautiful Book of the Year 2013), 베스트 커스토마이즈드 도서로도 선정(Winner of the Year's Best Adapted/Customized Book 2013)되어 그 작품성을 인정받았다. 이처럼 노르웨이에서는 가장 유명한 작가 가운데 한 사람인 토세테르는 2008년도에 이미 볼로냐에서 라가치상을 받아 세계 출판계가 주목한 작가이기도 하다. 신선하면서도 생각해 볼 거리도 던져 주는 이 책을 통해, 참여자 자신들이 해결해야 할 구멍을 발견하기 바란다.

(2) 관련 활동

① 이미지 형상화

제목 그대로 떠오르는 이미지를 재료를 바탕으로 형상화 하는 작업이다. 선정 자료『먼지 아이』와『HULLET 구멍』을 각각 본 다음, 준비된 재료들(칼라 점토, 신문지, 쿠킹 호일, 나무젓가락, 노끈 등) 가운데 필요한 것을 골라 각 참여자가 생각한 이미지를 형상화 하도록 돕는다. 작업이 끝나면 어떤 장면을 통해 무엇을 떠올렸고 그것을 어떻게 묘사했는지, 더불어 작업을 하면서, 끝낸 뒤 그 작품을 바라보면서, 다른 사람들의 느낌을 듣고, 치료사와 상호작용을 하면서 각각 어떤 기분이 들었는지 이야기 나누어 보도록 하자.

제6회 목표 달성을 위한 자원 구축
〈주변 자원 동심원〉

(1) 선정 자료

① 『고래가 보고 싶거든』 / 줄리 폴리아노 지음, 에린 E. 스테드 그림, 김경연 옮김 / 문학동네

내가 무엇인가 간절히 바라는 것이 있다면 어떻게 해야 할까? 누군가 그것을 해줄 때까지 기다리고만 있으면 될까? 그렇지 않다. 바라는 것을 명확히 하고, 그것을 이루기 위한 전략을 세워야 한다. 또한 전략에 따라 한 단계씩 나아가며 만약 시행착오가 있다면 수정을 할 필요도 있다. 이와 같은 준비와 노력이 있다면 바라는 것이 무엇이든 좋은 결과를 얻을 확률은 높아질 것이다.

본 세션을 위해 고른 책 '고래가 보고 싶거든'은 사실 모든 사람들이 알고 있어 진부한 이야기를 할 뿐이다. 하지만 그 이야기를 아름다운 그림과 부드러운 말로 해주고 있어서 마치 꿈길을 거닐다 온 듯한 느낌을 준다. 특히 소년이 그토록 바라던 고래를 만나는 장면은 압권이라 할 수 있다.

따라서 참여자들도 이 책을 통해 목표를 달성했을 때의 쾌감을 미리 체감해 보시면 좋겠다. 더불어 그 순간을 위해 목표와 전략을 어떻게 세워야 하는지, 나아가 주변의 자원들을 어떻게 구축해서 활용을 해야 하는지에 대한 방안을 세부적으로 모색했으면 한다.

② 『세 엄마 이야기』 / 신혜원 지음 / 사계절

도시에서 살던 한 가족이 커다란 트럭에 짐을 가득 싣고 넓은 밭이 딸린 시골의 작은 집으로 이사를 왔다. 엄마는 밭에 어떤 것을 심을지 고민하다가 문득 콩가루가 듬뿍 묻은 인절미가 먹고 싶어졌다. 그래서

엄마는 콩을 심기로 결정을 하고 실행에 옮겼으나 농사를 한 번도 해 본 적이 없었기에 어려움을 겪는다. 그런데 다행히도 엄마들이 도움을 주고, 콩 농사가 잘 되어 맛있는 인절미를 먹게 되었다는 이야기이다.

엄마들이 주는 무조건적인 사랑을 아가페라고 한다. 누군가의 엄마는 이미 돌아가셔서 세상에 안 계실 수 있고, 누군가의 엄마는 살아계시기는 하지만 몸이 아파 요양을 하고 계실 수도 있으며, 누군가의 엄마는 이 그림책의 엄마들처럼 필요할 때마다 달려와 많은 도움을 주실 수도 있다.

본 세션을 위해 이 책을 선정한 이유는 내 모든 것을 아낌없이 나누어 주는 엄마처럼, 내가 세운 목표를 이루는데 도움이 될 수 있는 자원을 구축하는데 도움을 주기 위해서이다. 이 책은 자칫 이야기 주제를 친정 엄마에게만 맞출 수 있게 만들 수도 있기 때문에, 그 부분을 주의할 필요가 있다.

(2) 관련 활동

① 주변 자원 동심원

우리 주변에는 인적 물적 자원이 많다. 따라서 그런 자원을 적절히 활용할 수 있는 사람들도 현명하다고 할 수 있다. 본 활동은 참여자들의 주변 자원들 중 내가 목표를 달성하는데 있어 큰 도움을 줄 수 있는 요소들은 안쪽에 가깝게, 여전히 걸림돌이 될 요소들은 바깥쪽에 정리해 볼 수 있도록 돕는데 목적이 있다. 활동지는 〈참여자 활동자료 6-1〉에 담겨 있다.

〈참여자 활동자료 6-1〉

주변 자원 동심원

주변 자원들 중 내가 목표를 달성하는데 있어 큰 도움을 줄 수 있는 요소들은 안쪽에 가깝게, 여전히 걸림돌이 요소들은 바깥쪽에 그 내용을 적어 보세요.

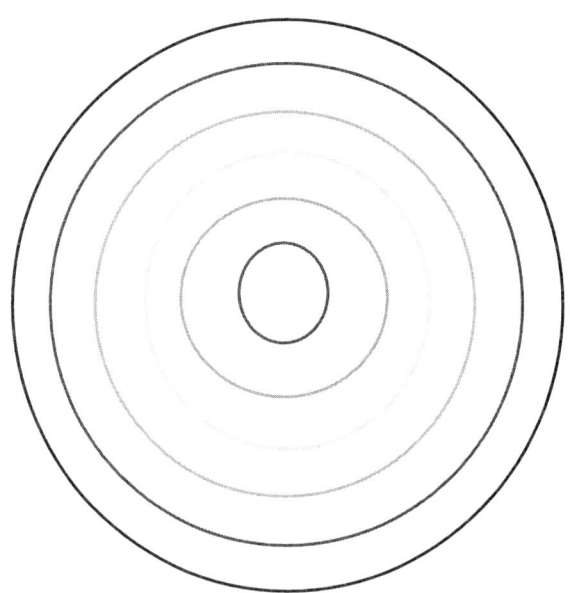

제7회 자아 격려하기
〈본 뜬 그림속의 나 보듬어주기〉

(1) 선정 자료

① 나를 위로하는 날 : 『외딴 마을의 빈 집이 되고 싶다』 / 이해인 지음 / 열림원

그렇다. 가끔은 아주 가끔은, 아니 자주 매우 자주 내가 나를 위로할 필요가 있다. 왜냐하면 다른 사람들은 내 마음을 다 몰라주기 때문에, 그 마음을 스스로라도 보듬어 주어야 또 내일을 살아갈 수 있기 때문에. 만약 이 작업이 잘 이루어지면 따뜻하고 너그러워지는 마음도 자동으로 충전이 될 것이다. 그래서 다른 사람들에게도 활짝 웃어 줄 수 있는 힘이 생길 것이다.

이 시는 성인을 대상으로 한 집단 독서치료 프로그램에서 여러 차례 사용한 적이 있다. 그때마다 위안을 받은 분들이 많으셔서 다시 한 번 선택을 했는데, 아마 그 이유는 이해인 수녀님의 따뜻한 마음까지 전달되었기 때문이 아닐까 생각해 본다. 시의 전문은 〈참여자 활동자료 7-1〉에 제시했다.

② 나는 나 : 『영혼을 위한 닭고기 수프 1』 / 잭 캔필드·마크 빅터 한센 지음, 류시화 옮김 / 푸른숲

총 두 권으로 이루어진 이 시리즈는 미국의 저명한 상담가이자 강사인 '잭 캔필드' 등이 들려주는 100여 편의 이야기를 엮은 책이다. 담겨 있는 내용은 주로 살면서 잃기 쉬운 꿈과 행복을 어떻게 지키며 살아가야 하는가에 대한 것으로, 역경을 딛고 일어선 사람들의 이야기, 생활 속에서 만나는 작은 감동들, 역사적으로 유명한 사람들의 에피소드, 인생의 의미와 철학이 담긴 우화 등은 읽는 이들에게도 큰 힘이 되어 준다. 따라서 이 책 역시 참여자들에게 격려를 해주기 위한 목적으로 선정했으며, 특히 이번 세션을 위한 글 '나는 나'는 〈참여자 활동

자료 7-2)에 전문을 담았다.

(2) 관련 활동

① 본 뜬 그림속의 나 보듬어주기

신체 본뜨기 역시 여러 차례 활용이 되었던 활동으로, 전지 두 장을 세로로 붙인 뒤 그 위에 내가 누우면 주변의 다른 사람이 색연필 등으로 본을 떠주고, 이어서 그 안에 내가 나를 묘사하는 과정으로 진행이 된다. 이렇게 떠진 본은 또 다른 내가 되어 자신을 투사할 수 있는 역할을 한다.

본 세션에서는 본을 뜬 다음, 그 그림을 걸어놓고 각 참여자들이 그림 속에 있는 또 다른 자아에게 격려를 해주는 활동으로 연결을 지으면 된다. 이 활동 중 꽤 많은 분들이 눈물을 흘리기도 하는데, 그때 치료사는 충분한 공감으로 함께 해주고 있음을 느끼게 해주어야 한다. 더불어 그 상황을 매끄럽게 작업으로 연결시켜 스스로에 대한 격려 작업이 충분히 이루어질 수 있도록 도울 필요가 있다. 이 과정이 끝나고 나면 참여자의 마음속에는 따뜻한 불씨가 타오르고 있을 것이다.

〈참여자 활동자료 7-1〉

나를 위로하는 날

이해인

가끔은 아주 가끔은
내가 나를 위로할 필요가 있네

큰일 아닌데도
세상이 끝난 것 같은 죽음을 맛볼 때

남에겐 채 드러나지 않은
나의 허물과 약점들이 나를 잠 못 들게 하고

누구에게도 얼굴을 보이고 싶지 않은
부끄러움에 문 닫고 숨고 싶을 때

괜찮아 괜찮아 힘을 내라구
이제부터 잘하면 되잖아

조금은 계면쩍지만
내가 나를 위로하며 조용히
거울 앞에 설 때가 있네

내가 나에게 조금 더
따뜻하고 너그러워지는 동그란 마음

활짝 웃어주는 마음

남에게 주기 전에
내가 나에게 먼저 주는
위로의 선물이라네

『외딴 마을의 빈집이 되고 싶다 / 이해인 지음 / 열림원』

〈참여자 활동자료 7-2〉

나는 나

나는 이미 충분히 가치 있는 존재이다. 내 스스로 나를 인정하기만 한다면.

- 버지니아 스테어 -

다음의 글은 "행복한 삶을 살기 위해선 내 자신이 어떤 준비를 해야 하는가?"라는 어느 열다섯 살 소녀의 질문에 대한 답변으로 쓴 글이다.

- 생떽쥐베리 -

나는 나다.
이 세상의 어디에도 나와 똑같이 생긴 사람은 없다. 나와 어느 정도 닮은 사람은 있어도 정확히 나와 똑같은 사람은 없다. 따라서 나로부터 나오는 모든 것은 진정한 나만의 것이다. 내 자신이 그걸 선택했기 때문이다.

나의 모든 것은 내 소유이다. 나의 육체와 육체가 하는 모든 것이 나의 것이다. 마음과 마음속에 담긴 생각, 사상 모두가 나의 것이다.

내 눈과 눈에 비치는 모든 모습들이 나의 것이다. 내 감정은 모두 나의 것이다. 분노, 슬픔, 기쁨, 좌절, 사랑, 실망, 흥분 모든 것이.

내 입과 입에서 나오는 모든 말이 나의 것이다. 공손한 말, 부드럽고 거친 말, 정확하고 부정확한 말 모두가. 그리고 나의 목소리도 나의 것이다. 큰 소리든 작게 속삭이는 소리든. 나의 모든 행동, 그것이 남에게 하는 행동이든 나 자신에게 하는 행동이든 모두가 나의 것이다.

나의 환상, 나의 꿈, 나의 희망, 나의 두려움도 나의 것이다.

나의 성공과 승리, 나의 실패와 실수도 나의 것이다.

내 모든 것이 나의 것이기 때문에 나는 나 자신과 친해질 수 있다. 그리고 그렇게 함으로써 나는 날 사랑하고, 또 나의 모든 부분과 친구가 될 수 있다. 그럴 때 나의 모든 부분은 나의 깊은 관심과 애정 속에서 활동할 수 있다.

나의 어떤 부분은 날 당황시키고, 또 어떤 부분에 대해선 내가 모르는 것도 있다는 걸 난 안다. 하지만 내가 나 자신을 사랑할 때, 난 용기와 희망을 갖고 그 모르는 부분들을 해결할 수 있다. 또한 나 자신에 대해 더 많은 것들을 발견할 수 있다.

이 순간에 내가 어떻게 보이고 어떻게 들리든, 내가 무엇을 말하고 행동하든, 내가 무엇을 생각하고 느끼든, 모든 것은 나의 것이다. 그것이 이 순간 나의 진정한 모습이기 때문이다.

훗날에 가서 돌이켜 보면 과거의 나의 모습, 내가 한 행동, 내가 한 말과 생각 등이 나한테 맞지 않았다고 여겨질 수도 있을 것이다. 그러면 그때에 가서 나는 그 맞지 않는 부분들을 버리고 맞는 부분들을 간직할 수 있다.

나는 보고, 듣고, 느끼고, 생각하고, 말하고, 행동할 수 있다.

나는 생존하고, 타인과 가까워지고, 창조적인 일을 하고, 외부의 사물과 사람들의 세계를 이해해 나갈 수 있다.

나는 나의 것이며, 그러므로 나의 주인은 나다.

나는 나이며, 나는 그 자체로 완벽하다.

『영혼을 위한 닭고기 수프 1 / 잭 캔필드·마크 빅터 한센 지음, 류시화 옮김 / 푸른숲』

제8회 자기 주장성 확립
〈청사진 발표하기 및 격려해주기, 참여 소감 나누기〉

(1) 선정 자료

① 『나의 작은 인형 상자』 / 정유미 지음 / CULTURE PLATFORM

국내 작가 중 처음으로 볼로냐 라가치상을 두 번 연속 수상한 작가라는 수식만으로도 이 책에 대한 관심은 급상승 할 수 있다. 게다가 이미 5세션에서 한 번 만난 적이 있는 작가라면 친숙함을 느끼면서 동시에 흥미 또한 올라갈 것이다.

사람들의 무의식이라는 내면의 미로를 반영하고 있는 이 책은, 한 소녀가 직접 만든 작은 인형 상자 안을 여행하면서 4명의 캐릭터들을 만나 겪게 되는 이야기가 담겨 있다. 소녀의 내면을 그녀가 만든 작은 인형 상자의 공간으로 표현하고, 소녀를 닮은 4명의 캐릭터를 통해 자아의 다양한 모습들을 보여주고자 노력한다. 나아가 인형 상자 안을 여행하는 과정에서 소녀는 자신의 내면을 더 깊이 이해하고 자신이 만든 좁은 공간에서 벗어나 더 넓은 세상으로 나아갈 용기를 얻게 된다.

앞서 소개한 '먼지 아이'와 마찬가지로 이 작품은 2006년 애니메이션으로 먼저 제작되어 세계 4대 애니메이션 영화제 중 하나인 히로시마 국제 애니메이션 영화제 경쟁 부문에 공식 초청되었고, 미장센단편영화제 최우수상을 받으며 그 작품성을 인정받은 바 있다.

마지막 세션을 위해 이 자료를 선정한 이유는 결국 넓은 세상으로 나아갈 용기를 얻게 되는 소녀의 모습 때문이었다. 본 프로그램에 참여하신 분들도 가족으로부터의 격려가 필요하고, 그를 통해 자기주장을 마음껏 펼칠 수 있는 상황을 원할 것이다. 따라서 그에 대한 이야기를 이 책을 바탕으로 펼쳐보기를 바란다.

② 자신감을 가져라 / 이종욱 번역 및 편집 / facebook.com/jkl1384

누구도 너에게 "넌 할 수 없어!"라고 말하는 것을 허용하지 마. 그게 나일지라도. 알겠어? 응. 네게 꿈이 있다면 너는 그걸 지켜야 돼. 사람들은 자기들이 할 수 없는 걸 너에게 "넌 할 수 없어!"라고 말하고 싶어 하니까. 원하는 게 있다면 가서 쟁취해. 반드시!

영화 '행복을 찾아서'에 나오는 대사를 인용하는 것으로 시작하는 이 영상은, 마이클 조던, 알버트 아인슈타인, 스티브 잡스, 월트 디즈니, 조앤 K. 롤링 등의 사람들도 실패를 경험하고 초반에는 저평가를 받았지만 결국 성공을 했다는 점에 초점을 맞추고 있다.

다음은 그들이 경험한 일들이다.

고등학교 농구팀에서 퇴출된 후 귀가하여 방 안으로 들어간 소년은 방문을 걸어 잠근 뒤 펑펑 울었다. - 마이클 조던

그는 4살 때까지 말을 못했고 선생님들은 말했다. "이런 아이는 절대 잘 될 리 없다." - 알버트 아인슈타인

그는 서른 살의 나이에 지독한 좌절을 겪고 우울증에 시달렸다. 자신이 창업한 회사에서 무참히 쫓겨난 채. - 스티브 잡스

신문사에서 해고당했다. 상상력이 부족하고 독창적인 아이디어를 내지 못한다는 이유로. - 월트 디즈니

하지만 이들의 이런 이야기들이 조망을 받는 이유는 결국 이겨냈기 때문이다. 그래서 어느 분야에서 가장 유명한 사람으로 우뚝 서기 때문이다. 그렇다면 그들이 이런 어려움을 이겨낼 수 있었던 비결은 무엇일까? 바로 자신을 믿고 사랑하는 마음이다. 우리는 이것을 한 마디로 '자신감'이라고 한다. 따라서 본 활동을 위해 이 영상을 선택한

이유는, 사회로 복귀하는 참여자들이 자신감을 가졌으면 하는 바람 때문이다.

(2) 관련 활동

① 청사진 발표하기 및 격려해주기

청사진(靑寫眞)이란 미래의 일이나 사업에 대한 희망적인 계획이나 구상 등을 비유적으로 이르는 말이다. 따라서 본 활동은 참여자들이 갖고 있는 미래의 계획을 발표하면, 치료사와 다른 참여자들이 들어준 뒤에 격려까지 해주는 것이다. 모든 참여자들이 발표를 해야 하기 때문에 시간은 5분 이내로 제한할 필요가 있다.

② 참여 소감 나누기

다섯 번째 만남

경력 단절 여성의 자기효능감 증진을 위한
독서치료 프로그램

1. 프로그램의 필요성

경력 단절 여성은 생애사적인 사건, 즉 임신·출산·육아 그리고 가족구성원의 돌봄 등을 이유로 경제활동을 중단하였거나 경제활동을 한 적이 없는 여성 중에서 취업을 희망하는 여성을 지칭하여 사용하는 용어이다.[1]

그러나 경력 단절 여성들이 재취업을 하기 위해서는 생애사적인 사건으로 벗어나 있어야 하며, 더불어 자기효능감과 사회 환경 변화에 대한 감각, 특정 분야의 전문성 등을 갖추고 있어야 한다. 이 가운데 자기효능감은 개인의 능력에 대한 측면이 반영되어 심리적 측면과 연결되는 신념으로, 그녀들이 재취업이나 기타 다른 것을 원할 때 가장 기본이 되어야 하는 부분이다. 따라서 본 프로그램은 경력 단절 여성의 자기효능감(Self Efficacy) 증진에 목표를 두고 있는데, 우선 자기효능감에 대해 조금 더 자세히 살펴보자.

자기효능감이란, Bandura의 사회학습이론(Social Learning Theory)에서 유래한 개념으로서 개인이 주어진 상황에서 어떤 행동을 하기 위해 필요한 동기와 인지자원 및 행동 절차를 얼마나 잘 발휘할 수 있는가에 대한 자신의 판단 또는 신념을 말한다.[2] 즉, 주어진 상황에서 얼마나 유능할 것인가에 대한 개인의 판단인 동시에, 특정 행동을 수행할 수 있는가에 대한 개인의 신념이다.[3] 이는 개인, 집단, 조직, 국가의

---

[1] 여성가족부·고용노동부. 2013. 『2013년도 여성새로일하기센터 사업지침』. 서울: 여성가족부·고용노동부

[2] Bandura, A. 1986. *Social foundations of thought and action : A Social cognitive theory*. Englewood Cliffs. NY: Prentice-Hall.

[3] Owen, S. V. & Froman, R. D. 1988. *Development of a college Academic Self-Efficacy Scale Paper presented at the annual meeting of the National Council*

각 차원에 적용될 수 있고,[4] 개인의 동기와 수행달성을 통제하는 과정에서 중심 역할을 한다고 하였다.

자기효능감 이론의 모태가 되는 사회학습이론에서는 인간의 심리적 기능이 단순히 개인의 내적 성향이나 외적 자극에 의해서만 조정되기 보다는 의식적이고 의도적인 자기조절에 의한 개인과 환경의 상호작용에 의해 결정된다고 보았다.[5]

다음의 〈그림 1〉[6]은 자기효능감 이론을 도식화한 것이다.

〈그림 1〉 자기효능감 이론

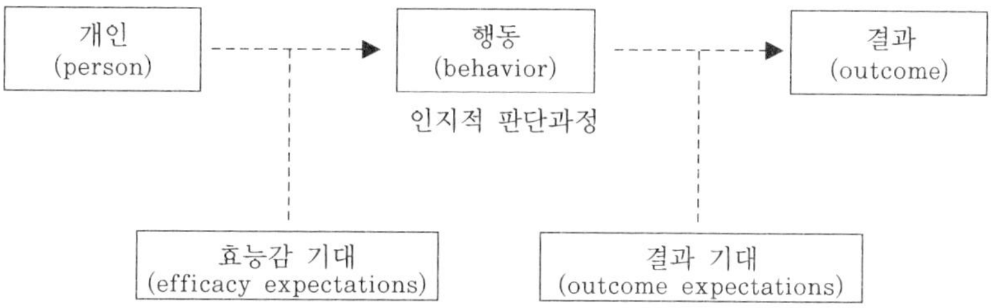

```
┌─────────┐       ┌──────────┐       ┌─────────┐
│  개인   │------>│   행동   │------>│  결과   │
│(person) │       │(behavior)│       │(outcome)│
└─────────┘       └──────────┘       └─────────┘
                  인지적 판단과정

        ┌──────────────────────┐   ┌──────────────────────┐
        │      효능감 기대     │   │      결과 기대       │
        │(efficacy expectations)│   │(outcome expectations)│
        └──────────────────────┘   └──────────────────────┘
```

Bandura는 자기효능감이 다음의 네 가지 주요한 요소들에 의해 영향을 받게 된다고 밝혔다. 첫째, 과거에 성공 경험이 있을 때 자기효능감이 형성된다고 하였다. 즉 다양하고 많은 성공 경험이 있는 개인은 성공 경험이 몇 가지 영역으로 제한되거나 혹은 반복적으로 많은 실패를 거듭한 개인에 비해서 긍정적인 자기효능감을 가지게 된다고 가정하였다. 둘째, 다른 사람의 성취를 보는 것으로 대리경험을 통해

---

  on *Measurement in Education*, New Orleans, LA.
4) Gist, M. & Schwoerer, C. & Rosen, B. 1989. Effects of alternative training methods on self-efficacy and performance in computer software training. *Journal of Applied Psychology*, 74: 884-891.
5) 이정욱. 2012. 『대기업 연구개발 인력의 직무성과와 자기효능감, 개인 창의성 및 조직몰입의 인과적 관계』. 석사학위논문. 서울대학교 대학원 농산업교육과.
6) Bandura, A. 1997. Perceived self-efficacy in cognitive development and functioning. *Educational Psychologist*, 28(2): 117-148.

서 자기효능감이 형성된다고 하였다. 셋째, 주변인에게서 듣는 언어적인 설득을 통해서도 자기효능감이 형성될 수 있다. 넷째, 개인이 자신의 능력과 기능에서 어떤 부분이 취약한지를 판단하여 얻게 되는 생리적이고 정서적인 상태가 자기효능감에 영향을 준다고 하였다.[7]

다음의 〈그림 2〉[8]는 자기효능감의 근원과 그 기능들과의 관계를 표현한 것이다.

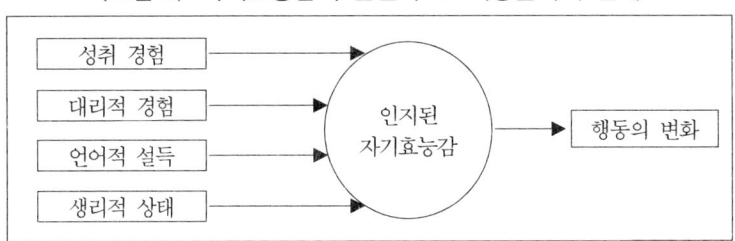

〈그림 2〉 자기효능감의 근원과 그 기능들과의 관계

이처럼 자기효능감은 수행에 있어 매개변인으로 영향을 미친다. 즉 자기효능감이 높은 개인은 도전적이고 구체적인 목표를 설정하고, 이를 성취하기 위해 주의와 행동을 잘 조직화 할 것이고, 자기효능감이 낮은 개인에 비해 더 많은 노력을 투입할 것이며, 어려움이 닥쳤을 때에도 과제를 지속해서 해결하려 할 것이다.[9] 이러한 관점에서 비추어 봤을 때 자기효능감은 경력계획의 구체성, 도전성, 자율성에 긍정적인 영향을 미칠 것으로 유추할 수 있다.[10] 또한 경력 단절 여성들에게 가장 먼저 필요하고 중요한 것은 자기효능감이라고 할 수 있다.

---

7) Bandura, A. 1997. Ibid.
8) Bandura, A. 1997. Ibid.
9) 추건이. 2000. 야구선수의 타율 및 방어율과 자기 효능감의 관계 연구. 『교육문화연구』, 6: 323-335.
10) 조윤성. 2012. 「경력단절여성의 사회 연결망이 경력계획에 미치는 영향 : 자기효능감의 매개효과를 중심으로」. 석사학위논문. 중앙대학교 교육대학원.

2. 프로그램의 구성

본 프로그램은 경력 단절 여성들을 대상으로 한다. 참여 인원은 10명 내외, 한 세션 당 운영 시간은 2시간이다. 인터뷰를 통해 자발적 동기가 얼마나 있는지, 독서에 대한 흥미가 있는지, 지원자가 운영 목적에 적합한 사람인지 등을 파악하는 사전 선발 작업을 거친 뒤, 선발된 참여자들과 총 8회에 걸쳐 프로그램을 운영한다.

자료 선정은 앞서 제시한 프로그램들과 마찬가지로 읽고 와야 한다는 부담감을 줄여주기 위해 해당 세션마다 치료사가 읽어주거나 함께 읽고 발문을 통한 상호작용을 할 수 있는 짧은 분량의 그림책이나 시, 수필, 노래 가사 등에 중점을 두었다. 더불어 관련 활동 역시 간단한 글을 쓰거나 미술 활동을 바탕으로 이야기를 나누는 것을 중심으로 구성하였으며, 완성된 프로그램 계획은 〈표 5-1〉에 제시했다.

〈표 5-1〉 경력 단절 여성의 자기효능감 증진을 위한 독서치료 프로그램

세션	세부목표	선정 자료	관련 활동
1	오리엔테이션 및 라포 형성	도서 : 다정해서 다정한 다정 씨	프로그램 소개, 치료사 및 참여자 소개, 자기효능감 검사
2	자아 탐색 및 강점 인식하기	시 : 가업	인지·정서·신체적 측면에서 강점 탐색하기
3	성공 경험 탐색	시 : 신분상승	나의 성공담 (과거 성공했던 경험 떠올려 이야기하기)
4	약점 찾아서 수정 및 보완하기	도서 : 있잖아, 누구씨	유비무환
5	사회 환경 변화 탐색	시 : 실	내가 원하는 일에 대한 변화 탐색과 향후 준비해야 할 것들 모색
6	꿈과 비전 만들기를 통한 동기 부여하기	시 : 가죽나무	꿈과 비전 만들기, 동기 부여하기
7	자원 구축 및 걱정거리 해결하기	시 : 걱정하지 마라	자원 마인드맵, 재취업 시 걱정이 되는 점 나누기
8	자기효능감 확립하기	시 : 인생의 계획	참여 소감 나누기

3. 프로그램의 실제

경력 단절 여성의 자기효능감 증진을 위한 독서치료 프로그램

 오리엔테이션 및 라포 형성
〈프로그램 소개, 치료사 및 참여자 소개, 자기효능감 검사〉

(1) 선정 자료
① 『다정해서 다정한 다정 씨』 / 윤석남 글·그림, 한성옥 구성 및 아트 디렉팅 / 사계절

'나, 화가가 되고 싶어!'라는 그림책을 통해 주부로만 살다가 늦깎이 화가로 데뷔한 자신의 삶을 보여준 화가 윤석남 씨가, 이번에는 자신은 물론 주변의 다정한 사람들을 소재로 그림책을 선보였다. '나의 사직동' 등으로 유명한 그림책 작가인 한성옥 씨가 전체적인 구성과 아트 디렉팅을 담당했다고 하는데, 그렇게 선정된 서른두 점의 회화와 그 위에 채워진 수필 같은 글은 작가들의 내공을 엿볼 수 있게 해준다. 따라서 한 번 대충 훑어 읽으면 그 의미를 파악할 수 없고, 누워 있는 자녀나 하루가 다르게 늙어가는 부모님, 혹은 거울을 보며 나이가 들어감을 꼼꼼히 확인할 때처럼 자세히 볼 필요가 있다.

1세션을 위해 이 책을 선정한 이유는 주인공인 작가의 주변에 다정한 사람이 여러 명 등장하는 것이 주부들의 모습을 그대로 담고 있기 때문이며, 나아가 자신을 수식하는 말로 소개할 수 있도록 돕기 위한 목적도 있다.

(2) 관련 활동

① 프로그램 소개

참여자 대부분이 경력 단절 여성이라는 말을 알고 계실 것이다. 그래도 혹 정확히 모르는 분들이 계실 수 있으니 개념에 대해 먼저 설명하고, 이어서 재취업을 위해서는 자기효능감을 갖는 것이 가장 먼저 필요하고 중요하다는 점에 대해 알릴 필요가 있다. 더불어 집단 독서치료 프로그램의 맥락, 전체 운영 기간, 각 세션 당 배정된 시간, 마지막으로 참여 규칙도 함께 나누면 되겠다.

② 치료사 및 참여자 소개

참여자 소개는 앞서 소개한 도서 '다정해서 다정한 다정 씨'의 제목에서처럼, 자신을 비유할 수 있는 단어를 활용하거나(예를 들어 '착해서 예쁜 미정 씨'와 같이), 아니면 자신이 잘 할 수 있는 측면을 바탕으로 활용하는 것도 한 방법이다. 예를 들어 '요리를 잘해서 식당을 내고 싶은 순영 씨'와 같은 식이다. 만약 이 방법을 활용한다면 간단한 소개를 통해 참여자들의 능력을 파악할 수 있는 기회가 주어질 것이다.

③ 자기효능감 검사

본 척도는 Shere, Maddux, Mercandante, Prentice-Dunn, Jacobs와 Rogers(1982) 등이 Bandura의 자기효능감 이론에 입각하여 제작한 자기효능감 척도이다. 이 척도는 23개 문항으로 구성으로 있는데 하위요인으로 일반적인 상황에서의 자기효능감인 일반적 자기효능감(17문항)과, 대인 관련 사회적 기술 등의 요소와 관련이 있는 사회적 자기효능감(6문항)으로 구성되어 있다. 국내에서는 홍혜영(1995)이 번역하여 사용한 바가 있으며, 검사 형식은 5단계 Likert식 평정 척도이며 총점이 높을수록 자기효능감 수준도 높은 것으로 평가된다. 본 척도의 하위 영역별 문항구성은 다음과 〈표 5-2〉와 같으며, 검사지는 〈참여자 활동자료 1-1〉에 제시했다.

하위 영역	문항 수	문항 번호
일반적 자기효능감	17	1, 2*, 3, 4*, 5*, 6*, 7*, 8, 9, 10*, 11*, 12*, 13, 14*, 15*, 16*, 17*
사회적 자기효능감	6	18*, 19, 20*, 21, 22*, 23
전체	23	1-23

*역 채점 문항

〈참여자 활동자료 1-1〉

자기효능감 척도

다음은 여러분의 자기효능감에 관한 질문입니다. 문항을 읽고 가장 일치하는 번호에 ☑표 해주시기 바랍니다.

번호	문항	전혀 그렇지 않다	그렇지 않다	보통이다	그렇다	매우 그렇다
1	나는 계획을 세울 때 그것을 실행할 수 있다고 확신한다.					
2	내 문제 중 하나는 제 때에 일을 착수할 수가 없다는 것이다.					
3	내가 어떤 일을 처음에 할 수 없을지라도 할 수 있을 때까지 노력한다.					
4	나는 스스로 세운 중요한 목표를 성취해 본 일이 거의 없다.					
5	나는 일을 끝까지 하기 전에 포기해 버린다.					
6	나는 어려움에 부딪히는 것을 피한다.					
7	너무 복잡해 보이는 일은 시도해 보려하지 않는다.					
8	하기 싫은 일이 있어도 그 일을 마칠 때까지 거기에 매달린다.					
9	무슨 일을 하기로 마음먹으면 즉시 그 일을 한다.					
10	새로운 것을 배우려고 할 때 처음에 잘 되지 않으면 금방 포기한다.					

11	예기치 않은 문제가 생기면 그 일을 처리하지 못한다.					
12	새로운 일이 너무 어려워 보이면 그것을 배우려 하지 않는다.					
13	실패했을 때 오히려 더 열심히 노력한다.					
14	나는 어떤 일을 할 수 있는 내 능력에 대해서 자신이 없다.					
15	나는 자신감이 없다.					
16	나는 쉽게 포기한다.					
17	나는 살아가면서 겪는 대부분의 문제들을 잘 처리할 수 있을 것 같지 않다.					
18	나는 새로운 친구를 사귀기 어렵다.					
19	내가 만나고 싶어 했던 사람을 보면 그 사람이 내게 올 때까지 기다리기 전에 내가 먼저 다가간다.					
20	호감이 가는 사람을 만났더라도 사귀기 어려운 사람이면 사귀려는 노력을 그만두어 버린다.					
21	처음 보기에 좀 무관심한 사람이라도 쉽게 포기하지 않고 사귀어 보려고 노력한다.					
22	나는 사회적인 모임에서 잘 처신하지 못한다.					
23	나는 지금의 친구들을 내 사교성 덕분으로 사귀었다.					

제2회 자아 탐색 및 강점 인식하기
〈인지·정서·신체적 측면에서 강점 탐색하기〉

(1) 선정 자료

① 가업 : 『앗싸라비아』 / 박광수 글과 사진 / WISDOM HOUSE

전 세계에서 가장 오래된 기업을 가장 많이 보유한 나라는 일본이라고 한다. 그 가운데 578년도에 설립된 'Kongo-gumi'라는 건설회사는 가장 긴 역사를 갖고 있으며, 1000년 이상 된 기업이 7개에 이르고, 200년 이상 존속한 기업 또한 3천개가 넘는다고 하니 놀라울 따름이다. 이만큼 일본이 장수기업을 많이 보유하고 있는 이유는 장인을 대접해 주는 문화와 더불어, 가족보다 능력이 우선인 승계 방식도 한 몫을 하고 있다고 한다.

두 번째 세션을 위해 선정한 시 '가업'을 보면 자자손손 대대로 이어 온 부모로서의 역할을 이야기하고 있다. 내 아버지와 어머니가 그랬을 것이므로, 나 또한 그것을 이어서 자식을 위해 하고 있는 것이다. 왜냐하면 자식을 낳았으니 부모로서 책임을 다하는 것이야말로 가장 중요한 일이기 때문이다. 자식 입에 밥 들어가는 것만 봐도 저절로 배가 부르다고 말씀하셨고, 생선의 살점은 자식을 먹이기 위해 본인은 대가리를 더 좋아한다고 말씀하셨을 정도이니, 자녀를 위한 헌신이 얼마나 중요한 가업이었는지 짐작해 볼 수 있다.

그런데 이 시를 고른 것은 역설적 측면이 있다. 즉 그동안 자녀 출산 및 양육이라는 가업을 잇기 위해 노력을 하고 살았으니, 이제는 아들과 딸에게도 독립심을 발휘할 수 있는 기회를 주면서 참여자 자신에게 '가장 중요한 업'을 찾아주자는 것이다. 시의 전문은 〈참여자 활동자료 2-1〉에 담겨 있다.

(2) 관련 활동

① 인지·정서·신체적 측면에서 강점 탐색하기

사람들은 저마다의 강점을 갖고 있다. 용모가 출중한 사람이 있는 반면 목소리가 좋은 사람이 있고, 특유의 사교성과 친화력을 갖춘 사람도 있다. 아니면 손재주가 좋거나 체력이 좋은 경우도 있고, 감각이 좋은 사람도 있다. 이처럼 다양한 강점들을 인지·정서·신체적 측면을 나누어 탐색해 보는 활동이다.

활동은 〈참여자 활동자료 2-2〉에 제시한 것처럼 활동지를 구성해서 생각과 표현을 중심으로 진행할 수도 있고, '신체 본뜨기'와 같은 미술 활동을 통해 진행할 수도 있다. 만약 신체 본뜨기를 한다면 머리 부분은 인지, 가슴 부분은 정서, 기타 부분은 신체로 나누어 각각 표현해 볼 수 있도록 유도하면 된다.

〈참여자 활동자료 2-1〉

가 업

박광수

철없는 어린 아들과 고기를 먹는다.
아니, 고기를 굽고 자르기를 한다.
나는 고기를 굽는 사람.
나는 고기를 자르는 사람.
아들이 고기를 먹는 내내
나는 고기를 굽고 자르기에 여념이 없다.

아들이 고기를 먹어보라고 재촉하면
잠시 굽고 자르기를 멈추고, 가끔 아주 가끔
기름이 대부분이거나 타버린 고기를 먹는다.

갑자기 울컥하는 이유는
내 아버지도 그랬을 것이다.
내 어머니도 그랬을 것이다.
라는 생각이 들어서다.

나는 고기를 굽는 사람.
나는 고기를 자르는 사람.

자자손손 대대로 이어온 직업.

『앗싸라비아 / 박광수 글과 사진 / WISDOM HOUSE』

〈참여자 활동자료 2-2〉

인지·정서·신체적 측면에서 강점 탐색하기

내 강점이라고 생각되는 부분을 인지, 정서, 신체적 측면에서 각각 탐색해 보세요.

인지적 측면	
정서적 측면	
신체적 측면	

제3회 　성공 경험 탐색
　　　　〈나의 성공담(과거 성공했던 경험 떠올려 이야기하기)〉

(1) 선정 자료

① 신분상승 : 『가끔은 나도 흔들리면서』 / 정성수 지음 / 당그래

신분상승에 대한 꿈은 누구나 갖고 있을 것이다. 어쩌면 자기효능감을 바탕으로 재취업을 통해 경력을 이어가고 싶은 주부들도, 표현의 차이는 있겠으나(아이들 학원비라도 벌어서 가계에 보태야 할 것 같다 등) 그런 욕구를 갖고 있을 것이다. 하지만 나에게만 운이 안 따르는 것인지 머피의 법칙이 발동된 것인지 발바닥에 불이 나도록 뛰었는데도 그만큼의 성과가 없을 수 있다. 하지만 제 자리에서 성실히 노력하는 사람에게는 반드시 빛을 보게 될 날이 있을 것이니, 그 순간을 고대하며 채찍질을 가할 수밖에 없다.

세 번째 세션을 위해 선정한 시의 전문은 〈참여자 활동자료 3-1〉에 담겨 있다. 이 시를 바탕으로 참여자들과 자신이 서 있고 싶은 위치에 대한 이야기를 나누기 전에, 과거 성공했던 경험을 먼저 살펴보도록 하자. 왜냐하면 이를 통해 다시 어떤 자리에 설 수 있다는 자신감을 끌어낼 수 있기 때문이다. 자리가 사람을 만든다는 말도 있지만, 결국 사람이 중심인 것은 매한가지다.

(2) 관련 활동

① 나의 성공담(과거 성공했던 경험 떠올려 이야기하기)

다음에 소개할 노래는 'DJ DOC'의 3집 'D際2德'에 실린 노래 '나의 성공담'이다. 이 노래는 강은경 씨가 작사를 하고 박근태 씨가 작곡을 했으며, 윤일상 씨가 편곡을 했다. 활동 소개에 앞서 이 노래 가사를 옮겨 본 이유는 노래 제목이 본 활동의 제목과 같기 때문이기도 하고,

더불어 노래 속 주인공이 한 사람의 사랑으로 인해 자신감 있는 모습으로 바뀌었다는 가사 때문이다. 그러므로 노래를 먼저 들어보고, 이어서 각 참여자들의 성공담을 들어봐도 좋겠다.

나의 성공담

널 알기 전에는 가망 없던 나였었지
그런 내가 변할 수 있었던 건
나의 사랑이 시작되던 그날부터
너에게 날 보여주고 싶었을 뿐
내 얼굴은 진짜 큰 바위 얼굴
난 언제나 항상 외톨이였지
그러던 어느 날 우리 집 앞에서
상큼하게 웃는 너를 보았어
와하하하 이쁘다 이뻐 정말 이뻐
와하하하 무지하게 이쁘다
무지하게 이뻐
언제나 사랑이란 모든 것을
가능하게 하는 거야
만일 니가 없었다면
난 아직 예전 그대로겠지
너는 내게 행운만을 가져다준 천사 같아
나의 기쁨을 너에게 돌리고 싶어
이제는 자신이 생긴 거야 나의 모습에
난 알아 니가 바로 그 이유라는 걸

내가 달려갈 준비가 되어있어
이젠 너에게 보답할 차례니까
널 알고부터는 모든 것이 달라졌지
이젠 나도 인정받기 시작한 걸
나의 어둡던 시간들은 끝난 거야
너에게 내 모든 것을 보여줄게
하늘이 하늘이를 버리지 않았어
쥐구멍에도 드디어 해가 뜬 거야
더 이상 나는 어제 내가 아냐
나 지금 너에게로 달려가고 있어
랄라 랄라라 넌 이제 내꺼야
언제나 사랑이란 모든 것을
가능하게 하는 거야
만일 니가 없었다면 난 아직
예전 그대로겠지
너는 내게 행운만을 가져다준 천사 같아
나의 기쁨을 너에게 돌리고 싶어
이제는 자신이 생긴 거야 나의 모습에
난 알아 니가 바로 그 이유라는 걸
내가 달려갈 준비가 되어있어
이젠 너에게 보답할 차례니까
이제는 자신이 생긴 거야 나의 모습에
난 알아 니가 바로 그 이유라는 걸
내가 달려갈 준비가 되어있어
이젠 너에게 보답할 차례니까

〈참여자 활동자료 3-1〉

신분상승

정성수

발바닥이 불이 나도록 뛰어 봐도 별 볼일 없다며
길 위에 주저앉은 사람아.
늘 뒤쳐지는 것은 나뿐이고 되는 일이 없다며
애통해 하지 마라.
올라간다는 것은 그렇게 밥 먹듯이 쉬운 일이 아니다.
계룡산에서 십년을 도(道) 닦았다는 그 사내의 말이
당신은 고단한 팔자라서
작은 말이 큰 산을 넘어 가는 형상이라며 기를 죽인다.
복권을 긁어도 늘 꽝이며
줄을 서도 언제나 바로 앞에서 잘리는 것은
사람마다 할 일이 있고 서 있어야 할 위치가 있기 때문이다.
늘 자세를 낮추는 일에 이골이 났지만
기회만 온다면 움켜잡고
한 번은 허리를 펴고 싶다는 알량한 생각이
한바탕 꿈이라는 것을 알게 된 후
후회하리라.
제자리에서 제몫을 다하는 일이야말로
사람이 사람답게 사는 일이다.

『가끔은 나도 흔들리면서 / 정성수 지음 / 당그래』

제4회 　점 찾아서 수정 및 보완하기
〈유비무환〉

(1) 선정 자료

① 『있잖아, 누구씨』 / 정미진 글, 김소라 그림 / 엣눈북스(atnoon books)

　이 책을 읽으면서 내 속에 살고 있는 '누구 씨'의 존재는 과연 무엇일까 생각을 해봤다. 그랬더니 어린 시절에는 부모님의 별거로 인해 아빠가 없는 아이처럼 성장하며 불안함을 느꼈을 듯한 누구 씨가 가장 먼저 발견되었고, 이어서 사춘기와 더불어 자아정체감의 혼란을 한창 겪고 있을 중학교 3학년 때 고향을 떠나 서울로 전학을 오면서 적응에 대한 불안감을 느꼈을 누구 씨가 또 한 번 발견되었다. 이후 대학을 졸업하고 사회에 나온 이후에도 스스로 연구소를 설립해 운영해 나가고 있는 현재에 이르기까지 '혹시 잘 해내지 못하면 어떻게 해야 하는가'에 대한 불안감이 여전히 자리 잡고 있음을 느낀다. 결국 내 속에 살고 있는 누구 씨는 예나 지금이나 '불안감'이라고 할 수 있는데, 이와 같이 우리는 누구나 '누구 씨'와 함께 살아갈 수밖에 없다. 다만 그 대상이 기쁨이나 그리움과 같은 따뜻한 대상이라면 삶의 위안이 되겠지만, 슬픔이나 두려움, 불안이나 우울과 같이 차가운 존재라고 한다면 삶의 장벽이 될 것이다.

　이 그림책에 등장하는 주인공 아이는 어릴 적 부모의 이혼과 학대를 경험한다. 때문에 친구들 사이에서도 어울리지 못하고 외로운 시간을 보낸다. 그러던 어느 날 아이는 벽에 물든 자신과 비슷하게 생긴 얼룩을 발견하고, 그 얼룩에게 '누구 씨'라는 이름을 붙여준다. 이후 둘은 친구가 되지만, 다른 사람들은 누구 씨의 존재를 믿지 않고 오히려 화를 내기도 한다. 그러자 아이는 두려운 마음에 누구 씨를 멀리하게 되는데, 그때부터 누구 씨는 괴물처럼 변해 아이를 위협하기 시작한다. 그래서 아이는 누구 씨와 결별을 하게 되는데, 세월이 흘러 어른이 되었을 때 둘은 재회를 하게 된다. 왜냐하면 어른이 되면 달라질 줄 알았던 삶이, 실업이나 소통의 문제 등으로 여전히 고독했기 때문이다.

사람은 누구나 저마다의 장점을 갖고 있는 것처럼 숨기고 싶은 약점도 갖고 있다. 그것은 종종 어두운 그림자에 비유되기도 하는데, 이 그림책에 등장하는 누구 씨도 그런 존재이다. 따라서 이 그림책을 통해 참여자들의 '누구 씨'를 알아보고, 그것과 적절히 이별할 수 있도록 단점을 수정 및 보완하기 위한 방안을 모색해 보면 좋겠다.

(2) 관련 활동

① 유비무환

유비무환(有備無患)은 평소 준비를 철저히 해두면 후에 근심이 없다는 뜻이다. 이 고사성어는 〈서경(書經)〉과 〈좌씨전(左氏傳)〉에서 비롯되었는데, 〈좌씨전(左氏傳)〉에 담긴 구체적인 이야기는 이렇다.

어느 해 정나라가 출병하여 송(宋)나라를 침략하자 송은 진나라에 구원을 요청하였다. 진의 도공은 즉시 노(魯)와 제(齊), 조(曹)나라 등 12개국에 사신을 보내 연합군을 편성하여 위강의 지휘로 도성을 에워싸고 항복을 요구하여 마침내 정나라는 연합국과 불가침조약을 맺게 되었다. 한편 초(楚)나라는 정나라가 북방과 화친을 맺자 이에 불만을 품고 정나라를 침공하였다. 초나라의 군대가 강성함을 알게 된 정나라는 초나라와도 화의를 맺었다. 이러한 정의 태도에 화가 난 12개국이 정나라를 다시 쳤으나, 이번에도 진의 주선으로 화의를 맺자 정나라는 도공에게 감사의 뜻으로 값진 보물과 궁녀를 선물로 보내왔고, 도공은 이것을 다시 위강에게 하사하려고 했다. 그러자 사마 위강은 "편안할 때에 위기를 생각하십시오(居安思危). 그러면 대비를 하게 되며(思則有

備), 대비태세가 되어 있으면 근심이 사라지게 됩니다(有備則無患)"라며 거절하였다고 한다.

네 번째 세션을 위한 활동 '유비무환'은 바로 이 의미를 살리고자 한 것으로, 사회에 나갔을 때 약점이 될 부분이 있다면 미리 찾아서 수정 및 보완을 하자는 것이다. 물론 그럼에도 약점은 있을 것이고, 향후 재취업을 할 때 장점을 극대화 시킬 수 있는 분야로 나아가 약점은 최소화 하는 것도 방법이지만, 사회는 복잡하게 얽혀 있는 관계 조직이기 때문에 만약의 사태에 대비한다는 의도로 생각해 주시면 된다.

제5회 사회 환경 변화 탐색
〈내가 원하는 일에 대한 변화 탐색과 향후 준비해야 할 것들 모색〉

10년이면 강산도 변한다는 말이 있다. 하지만 지금은 그 주기가 더욱 짧아져 1년만, 아니 한 달 만에도 주변이 변하는 것을 확인할 수 있다. 상황이 이러니 결혼이나 출산을 이유로 사회생활을 중단했던 여성들이 계속해서 경력을 쌓고 싶어 하는 중에 느끼는 환경 변화는 얼마나 클까?

때문에 정부 및 지자체들은 임신과 출산, 육아와 가족의 돌봄 등을 이유로 경제활동을 중단하였던 여성, 즉 경력 단절 여성들을 위해 여러 지원책을 내놓고 있다. 여기에 대기업의 적극적인 참여가 높아지면서 재취업에 대한 관심도가 높아지고 있는데, 다음에 소개하는 곳들은 경력 단절 여성들의 재취업을 도와주는 곳들이다.

1) 새로 일하기 센터

여성가족부에서는 전국 130개의 '여성새로일하기센터', '새일센터'를 운영하여 경력단절 여성들의 경력이나 전공, 연령 등을 고려하여 직업 상담과 직업교육훈련, 취업 연계 등 종합적으로 취업 지원을 하고 있다.

서울시에는 구마다 새일센터가 있으며, 각 지역의 새일센터에는 직업 상담사 등의 관련 전문 인력들이 근무하고 있다. 정부에서 운영하는 취업센터이기 때문에 '새일여성인턴제도' 등을 통해 보다 쉽게 취업이 가능하다.

2) 한국여성인력개발센터 연합

서울시 내 17곳을 포함하여 전국에 53개 여성인력개발센터가 있다. 지자체에서 실시하는 무료 프로그램을 포함하여 국비지원 프로그램

등 다양한 프로그램을 신청할 수 있으며, 여성관련, 고용 취업관련 사이트 정보도 확인할 수 있다.

3) 경기도 꿈수레

꿈수레는 경기도 여성능력개발센터에서 운영하는 온라인 취업 지원 사이트이다. 임신, 출산, 육아 등으로 경력이 단절되어 다시 일자리를 갖기 어려운 여성들을 위해 도내 취업·창업·직업훈련교육 정보를 제공하고 있고, 그 외에도 여성 정책 관련 뉴스와 경기도 내 여성시설 정보, 출산/육아 등 복지관련, 자녀보육 관련 정보 등 여성과 관련된 모든 정보를 열람할 수 있다. 또한 이력서 클리닉, 1:1 맞춤 상담, 모의 면접 서비스와 실제 후기도 참고할 수 있다.

(1) 선정 자료

① 실 : 『사랑하라 한 번도 상처받지 않은 것처럼』 / 류시화 엮음 / 오래된 미래

끈이나 줄은 오래 전부터 문학작품의 소재로 두루 활용되었다. 옛날이야기 '선녀와 나무꾼'이나 '해와 달이 된 오누이'를 보면 하늘로부터 이어져 내려오는 구원의 줄이 등장을 하고, '어느 날 길에서 작은 선을 주었어요'나 '나는 기다립니다'와 같은 그림책에는 계속 이어지는 세대 간 삶의 고리를 의미하는 줄(선)이 등장을 한다. 이 작품들 외에도 많은 작품들은 구체적 소재로 줄이나 선, 끈을 활용하지 않았더라도 연결고리에 의미를 두고 있는데, 이는 누구에게나 1차적 대상인 엄마와의 관계에서 안정감과 따뜻함을 느낄 수 있는 것처럼 그것이 나를 지탱해 줄 수 있는 힘을 주기 때문일 것이다. 그래서인지 사람 사이의 관계를 이야기 할 때에도 보이지 않는 끈으로 연결되어 있다는 표현을 자주 하고, 줄을 잘 서야 한다는 말도 한다.

이 시는 우리 자신에게 운명의 끈, 내가 나아가고자 하는 길 등이

있다는 의미를 담고 있다. 또한 길을 잃지 않기 위해서는 그 실을 꼭 잡고 있을 필요도 있다고 역설한다. 따라서 이 시를 통해 내가 앞으로 잡아야 할 끈은 무엇인지, 그 길을 계속 걸어갈 수 있으려면 어떻게 해야 하는지 등에 대한 이야기를 나누어 보자. 시의 전문은 〈참여자 활동자료 5-1〉에 담겨 있다.

(2) 관련 활동

① 내가 원하는 일에 대한 변화 탐색과 향후 준비해야 할 것들 모색

모든 분야는 사회 발전에 따라 변화를 꾀한다. 따라서 참여 주부들이 과거에 했던 일들도 지금은 여건이 많이 바뀌어 있을 것이다. 하물며 새로운 분야에 대한 일을 해보고 싶다면 그에 대한 탐색과 준비는 당연한 과정이다.

이 활동은 각자 원하는 일을 설정하고, 그것을 위해 무엇을 해야 하는지를 구체화 시켜보는 것이다. 진학을 앞두고 있는 중학생이나 고등학생, 아니면 취업을 앞두고 있는 대학생의 입장이 되어 진지하면서도 효율적인 탐색이 이루어질 필요가 있다.

〈참여자 활동자료 5-1〉

실

윌리엄 스태포그

내가 따르는 한 가닥 실이 있다.
그 실은 변화하는 것들 사이로 지나간다.
하지만 그 실은 변하지 않는다.
사람들은 네가 무엇을 따라가는지 궁금해 할 것이다.
너는 그 실에 대해 설명해야만 한다.
그러나 사람들에게는 잘 보이지 않는다.
그 실을 붙잡고 있는 한 너는 길을 잃지 않는다.
비극은 일어나기 마련이고, 사람들은 상처 입거나
죽는다. 그리고 너는 고통 받고 늙어간다.
시간이 하는 일을 너는 어떻게도 막을 수 없다.
그래도 그 실을 절대로 놓지 말라.

『사랑하라 한 번도 상처받지 않은 것처럼 /
류시화 엮음 / 오래된 미래』

제6회 꿈과 비전 만들기를 통한 동기 부여하기
〈꿈과 비전 만들기, 동기 부여하기〉

김종희(2014)[11]는 경력 단절 여성을 위한 셀프 리더십 프로그램을 개발하고 그 효과를 검증한 논문에서 〈그림 3〉과 같은 모형을 제시했다.

〈그림 3〉 셀프 리더십 프로그램 모형

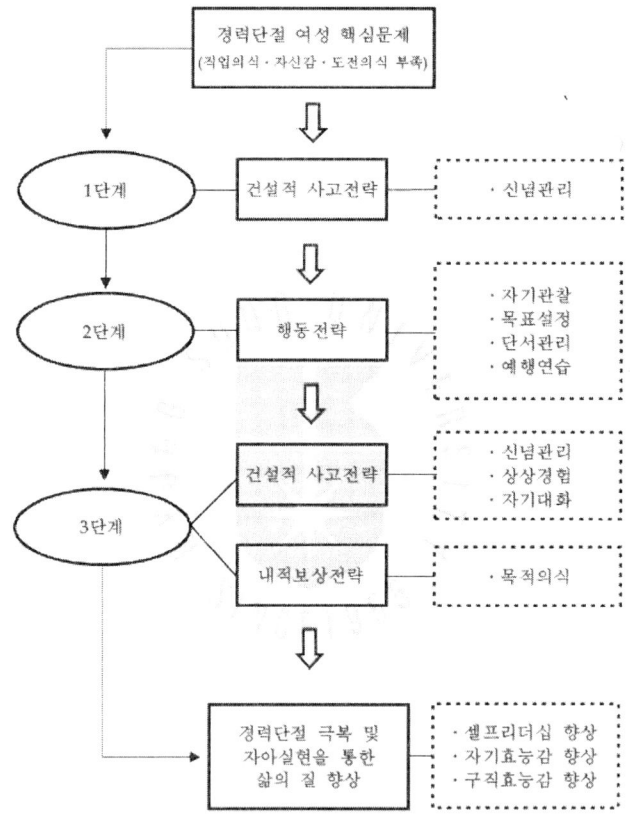

---

11) 김종희. 2014. 「경력단절여성을 위한 셀프 리더십 프로그램의 개발과 효과」. 박사학위논문. 경성대학교 대학원 교육학과.

모형을 보면 경력 단절 여성의 핵심 문제는 직업의식과 도전감, 도전의식이 부족하다는 것이다. 따라서 3단계에 걸쳐 완성된 프로그램에 참여하면서 건설적 사고 전략, 행동 전략, 내적 보상 전략을 수립해 실천하게 되면 셀프 리더십과 자기효능감, 더불어 구직효능감이 향상된다는 주장이다. 필자가 볼 때 이 단계와 전략은 자신의 꿈과 비전을 위한 노력을 통해 동기를 강화하는데 도움이 될 것이다. 따라서 본 세션에 소개하는 것이 좋을 듯싶어 옮겨 보았다.

(1) 선정 자료

① 가죽나무 : 『꽃은 젖어도 향기는 젖지 않는다』 / 도종환 글, 이철수 그림 / 한겨레출판사

'도종환의 나의 삶, 나의 시'라는 부제가 붙어 있는 책이다. 몇 년 전 김포교육지원청에서 독서치료사(독서심리상담사) 자격과정 강의를 할 때 수강생으로부터 선물 받은 책으로, 도종환 시인의 사인이 담겨 있어서 더욱 소중히 보관하고 있던 중 생각이 났다. '접시꽃 당신' 등 워낙 좋은 작품이 많은 시인이기 때문에 참여자들에게 도움 될 작품이 있을까 하는 마음에. 그래서 다시 찬찬히 읽어보던 중 '가죽나무'라는 시를 발견하였다. 자신이 부족한 것을 알지만 그럼에도 자신을 필요로 하는 대상이 있으면 기꺼이 곁을 내주겠다는 마음을 갖고 있는 나무는 주부들의 모습과 똑같았다. 어쩌면 남편과 자식 뒷바라지 하느라 자신을 평가절하하며 그 자리에 머물러 있었을 수도 있을 텐데, 이제부터는 자기효능감을 채우고 발휘하여 충만한 자신감으로 더 많은 사람들에게 꼭 필요한 사람이 되기 위한 꿈과 비전을 계획하시라는 의미에서 선정해 보았다. 시의 전문은 〈참여자 활동자료 6-1〉에 제시했다.

(2) 관련 활동

① 꿈과 비전 만들기

꿈과 비전은 자신이 행복하기 위해 필요하다고 생각하는 가치, 행복이라는 추상적인 가치를 객관화하기 위해 필요한 요소들이다. 하지만 약간 다른 의미를 갖고 있는데, 그 차이는 다음과 같다.

먼저 비전은 전망, 그 가치를 달성했을 때 얻을 수 있는 사회적 효과를 뜻한다. 또한 꿈은 내가 세운 목표의 최종 도착지를 뜻한다. 따라서 꿈을 현실화하기 위해 필요한 것은 목표이다. 꿈은 누구나 꿀 수 있지만, 목표가 없는 사람은 달성하기가 어렵다. 왜냐하면 최종 목표와 세부목표를 세운 뒤 달성을 위한 노력을 많이 해야 하기 때문이다.

따라서 본 활동에서는 꿈을 설정한 뒤 단계별 목표까지 상세히 기술하도록 도울 것이다. 나아가 그것이 최종적으로는 어떤 비전으로 정립될 수 있을지 구체화 시켜볼 것이다. 활동지는 〈참여자 활동자료 〈6-2〉에 담겨 있다.

② 동기 부여하기

'꿈과 비전 만들기' 활동에서 꿈과 목표, 비전까지 정립이 되었다면, 이미 그것만으로도 동기가 충분히 부여되었을 것이라 생각된다. 따라서 첫 번째 활동이 끝나면 그 과정에서의 느낌, 끝낸 다음 다시 바라봤을 때의 느낌을 나누어 보자.

〈참여자 활동자료 6-1〉

가죽나무

도종환

나는 내가 부족한 나무라는 걸 안다
내딴에는 곧게 자란다 생각했지만
어떤 가지는 구부러졌고
어떤 줄기는 비비 꼬여 있는 걸 안다
그래서 대들보로 쓰일 수도 없고
좋은 재목이 될 수 없다는 걸 안다
다만 보잘것없는 꽃이 피어도
그 꽃 보며 기뻐하는 사람 있으면 나도 기쁘고
내 그늘에 날개를 쉬러 오는 새 한 마리 있으면
편안한 자리를 내주는 것만으로도 족하다
내게 너무 많은 걸 요구하는 사람에게
그들의 요구를 다 채워줄 수 없어
기대에 못 미치는 나무라고
돌아서서 비웃는 소리 들려도 조용히 웃는다
이 숲의 다른 나무들에 비해 볼품이 없는 나무라는 걸
내가 오래전부터 알고 있기 때문이다
하늘 한가운데를 두 팔로 헤치며
우렁차게 가지를 뻗는 나무들과 다른 게 있다면

내가 본래 부족한 나무라는 걸 안다는 것뿐이다
그러나 누군가 내 몸의 가지 하나라도
필요로 하는 이 있으면 기꺼이 팔 한 짝을
잘라 줄 마음 자세는 언제나 가지고 산다
부족한 내게 그것도 기쁨이겠기 때문이다

『꽃은 젖어도 향기는 젖지 않는다 / 도종환 글,
이철수 그림 / 한겨레출판』

제7회   자원 구축 및 걱정거리 해결하기
〈자원 마인드맵, 재취업 시 걱정이 되는 점 나누기〉

다음에 소개하는 노래 가사는 'SK브로드밴드 광고'에 삽입이 되었던 'R.P.G. Shine'으로, 'W&Whale'의 1집 'Hardboiled'에 실려 있다. 작사는 '배영준과 웨일(Whale)', 작곡은 '한재원과 배영준', 배급은 'KNC Music' 이다.

    건조한 눈빛 쓰디 쓴 그대의 혀
    항상 말만 앞서고 행동하진 못해
    나는 좀처럼 스스로 판단할 수 없어
    필요한 건 rocket punch
    때론 나대신 싸워주는 로봇
    그건 말도 안 되는 만화 속 이야기
    너의 어깨가 부셔져라 부딪혀야 해
    1 & 2 & 3 & 4
    걱정하는 것을 걱정하지 마
    rocket punch generation
    지루하게 선명하기보다는
    흐릿해도 흥미롭게
    you have to cha cha cha
    change yourself
    대체 왜 그래 뭐가 부끄럽다고
    딱딱해지는 몸짓 빨개지는 얼굴
    삶은 언제나 그렇듯 오르막 내리막
    tricky freaky break it my heart

누가 뭐래도 무거운 신념 하나
너의 가슴 속 깊이 못을 박아 두고
결국 뱃머리 돌리는 건 바로 나
캡틴 whale
5 & 6 & 7 & 8
걱정하는 것을 걱정하지 마
rocket punch generation
지루하게 선명하기보다는
흐릿해도 흥미롭게
you have to cha cha cha
change yourself
oh love me & love you
이보다 더 좋을 순 없으니
Hold me & I'll hold you
또 이보다 더 나빠진다 해도 우리
이미 지난 일은 후회하지 마
rocket punch generation
불안할 것 없어 다가올 일도
중요한 건 바로 지금
i have to cha cha cha
change my
you have to cha cha cha
change your
we have to cha cha cha
change ourselves
걱정하는 것을 걱정하지 마

rocket punch generation
지루하게 선명하기보다는
흐릿해도 흥미롭게
you have to cha cha cha
change yourself

노래 가사를 보면 나대신 싸워주는 로봇은 말도 안 되는 이야기이며, 결국 뱃머리 돌리는 건 바로 나이기 때문에, 걱정하는 것을 걱정하지 말고 너 자신을 바꾸기 위해 노력하라는 메시지를 주고 있다.

일곱 번째 세션을 위해 이 노래를 먼저 소개한 이유는 참여자들에게는 주부를 벗어나 자기효능감을 펼치기까지 여전히 많은 걱정이 남아 있을 것이기 때문이다. 때문에 바로 지금이 중요한 시점임을 인식하고, 불안 요소들을 찾아 해결해 나가도록 독려하자.

(1) 선정 자료

① 걱정하지 마라 : 『걱정하지 마라』 / 글배우(김동혁) 지음, 임도형 사진 / 답

무엇이든 자주, 많이, 열심히 하다 보면 결국 늘게 된다. 따라서 걱정도 많이 하면 부피가 점점 커질 수밖에 없으니 멈추라는 내용의 시이다. 간결하면서도 핵심적인 메시지를 전해 주는 시의 전문은 〈참여자 활동자료 7-1〉에 담겨 있다.

(2) 관련 활동

① 자원 마인드맵

'나'를 중심으로 갖고 있는 주변 자원들을 모색해 보는 활동이다. 역시 가장 큰 자원에는 사람이 꼽히겠으나, 그 외 사회 환경이라든가 정책 등 자원이 될 수 있는 것들은 모두 떠올려 보는 것이 중요하다.

② 재취업 시 걱정이 되는 점 나누기

본 프로그램에서는 재취업을 본격적으로 다루지는 않지만, 자기효능감이 높아지면 결국 자신의 역량 발휘를 위해 직업을 찾고자 할 것이다. 그런데 이때에는 걱정되는 점들이 더 많아질 텐데, 이번 기회를 통해 자신의 측면, 가정의 측면 등으로 구분을 지어 이야기 나누어 보는 것도 좋겠다.

〈참여자 활동자료 7-1〉

걱정하지 마라

글배우(김동혁)

공부를 많이 하면 공부가 늘고
운동을 많이 하면 운동이 늘고
요리를 많이 하면 요리가 느는 것처럼
무언가를 하면 할수록 늘게 된다
그러니
걱정하지 마라
더 이상 걱정이 늘지 않게

『걱정하지 마라 / 글배우 지음, 임도형 사진 / 답』

제8회 자기효능감 확립하기
⟨참여 소감 나누기⟩

(1) 선정 자료

① 인생의 계획 :『지금 알고 있는 걸 그때도 알았더라면』 / 류시화 엮음 / 열림원
우리는 계획 없이 살아가는 사람들보다는 자신의 삶을 발전시키기 위해 계속 계획하고 노력하는 사람들을 존경한다. 하지만 많은 계획을 세우고 최선의 노력을 다해도 그것이 항상 성공하는 것은 아니다. 예고도 없이 비가 내릴 때도 있고 찬바람이 불어올 때도 있으며, 고통과 상실의 아픔이 따를 때도 있다. 그럴 때면 실망도 하고 좌절도 하며 무엇이 잘못되었는지를 살펴보기도 하지만, 내 여력으로는 어쩔 수 없음을 깨닫기도 한다. 하지만 그런 과정을 여러 번 거치다 보면, 이 또한 긴 여정의 인생 가운데 한 과정이었음을 알게 된다. 모든 것은 경험을 통한 시간이 지난 뒤에야 알 수 있게 된다는 잠언을 담은 시집 '지금 알고 있는 걸 그때도 알았더라면'에 수록된 이 시의 전문은 ⟨참여자 활동자료 8-1⟩에 담겨 있다.

마지막 세션을 위해 이 시를 선정한 이유는 새로운 삶을 계획하고 계신 참여자들에게 인생의 의미를 다시 전하고 싶었기 때문이다. 비록 내가 세운 계획, 꿈, 비전 등이 당장 실현되지 않아도, 그 또한 하나의 과정이라는 것을 받아들이며 노력을 한다면 분명 이루어질 날이 있을 것이라는 믿음을 나누고 싶었기 때문이다.

(2) 관련 활동

① 참여 소감 나누기

〈참여자 활동자료 8-1〉

인생의 계획

글래디 로울러

난 인생의 계획을 세웠다.
청춘의 희망으로 가득한 새벽빛 속에서
난 오직 행복한 시간들만을 꿈꾸었다.
내 계획서엔
화창만 날들만 있었다.
내가 바라보는 수평선엔 구름 한 점 없었으며
폭풍은 신께서 미리 알려 주시리라 믿었다.

슬픔을 위한 자리는 존재하지 않았다.
내 계획서에다
난 그런 것들을 마련해 놓지 않았다.
고통과 상실의 아픔이
길 저 아래쪽에서 기다리고 있는 걸
난 내다볼 수 없었다.

내 계획서에는 오직 성공을 위한 것이었으며
어떤 수첩에도 실패를 위한 페이지는 없었다.
손실 같은 건 생각지도 않았다.
난 오직 얻을 것만 계획했다.

비록 예기치 않은 비가 뿌릴지라도
곧 무지개가 뜰 거라고 난 믿었다.

인생이 내 계획서대로 되지 않았을 때
난 전혀 이해할 수 없었다.
난 크게 실망했다.

하지만 인생은 나를 위해 또 다른 계획서를 써 놓았다.
현명하게도 그것은
나한테 자신의 존재를 알리지 않았다.
내가 경솔함을 깨닫고
더 많은 걸 배울 필요가 있을 때까지.

이제 인생의 저무는 황혼 속에 앉아
난 안다, 인생이 얼마나 지혜롭게
나를 위한 계획서를 만들었나를.
그리고 이제 난 안다.
그 또 다른 계획서가
나에게는 최상의 것이었음을.

『지금 알고 있는 걸 그때도 알았더라면 /
류시화 엮음 / 열림원』

글쓴이

♠ 임성관

선생님은 한국사이버정보대학원, 중앙대학교 교육대학원 사서교육전공 석사, 서울불교대학원대학교 상담심리전공 석사, 경기대학교 일반대학원 문헌정보학과 박사 과정을 졸업하셨습니다. 또한 한국독서치료학회 및 숙명여자대학교에서 독서치료 과정을 1기로 수료하신 뒤 2004년부터 휴독서치료연구소를 설립해 운영을 하고 있으며, 시립인천전문대학 및 숭의여자대학에 출강을 하셨고, 현재는 경기대학교 및 나사렛대학교에 출강을 하고 계십니다. 더불어 국립중앙도서관, 국립장애인도서관, 남산도서관, 정독도서관에서는 강의와 함께 독서 관련 프로젝트를 진행했으며, 여러 지역의 교육지원청과 도서관에서도 독서치료 및 독서코칭에 관한 강의를 하고 계십니다. 이어서 치료사로서의 본분을 다하기 위해 성남시중독관리통합지원센터 등의 상담치료센터, 서울소년분류심사원 등의 교정시설, 고양아람누리도서관 등의 도서관, 그밖에 학교 및 복지관, 군부대 등 여러 기관에서도 집단 독서치료 프로그램을 운영했으며, 개인 독서치료 작업도 활발히 실시했습니다.

저서로는 『책과 함께하는 마음 놀이터 1-4』, 『노인을 위한 독서치료』, 『성인을 위한 독서치료 1』, 『청소년을 위한 독서치료 1-2』, 『어린이를 위한 독서치료 1-2』, 『(개정판) 독서치료 수퍼비전의 실제』, 『독서치료의 모든 것』, 『독서치료에서의 문학작품 활용』, 『독서로 풀어가는 난독증 1-2』, 『독서 : 교육·지도·상담·코칭·클리닉·치료』, 『(자녀의 독서를 고민하는) 엄마들의 책』, 『책 좋아하는 아이 만들기』, 『(개정판) 우리 아이 마음 채워줄 책 한 권』 등 총 27권이 있으며, 논문으로는 「읽기 부진아를 위한 독서치료 프로그램 연구」, 「독서치료 효과에 관한 실행 연구」 등 30여 편 넘게 있습니다.

대상별 독서치료 시리즈 2

성인을 위한 독서치료 ❷

▶
초 판 인 쇄 | 2016년 9월 26일
초 판 발 행 | 2016년 9월 30일
저　　　자 | 임 성 관
펴　낸　이 | 권 호 순
펴　낸　곳 | 시간의물레

▶
등　　록 | 2004년 6월 5일
주　　소 | ()서울시 마포구 마포대로 4다길 3, 1층
전　　화 | (02)3273-3867, 070-8808-3867
팩　　스 | (02)3273-3868
전자우편 | timeofr@naver.com
블 로 그 | http://blog.naver.com/mulretime
홈페이지 | http://www.mulretime.com

▶ ISBN 978-89-6511-047-7 (시리즈)
▶ ISBN 978-89-6511-160-3 (94020)

정가 25,000원
ⓒ 임성관 외 2016

* 이 책의 저작권은 저자에게 출판권은 시간의물레에 있습니다.
* 잘못 만들어진 책은 교환해드립니다.